深圳博物馆藏品研究系列丛书

契斋藏印

深圳博物馆藏
商承祚捐赠印章集

深圳博物馆 编

文物出版社

契斋藏印——深圳博物馆藏商承祚捐赠印章展

主办单位: 深圳博物馆

展览地点: 深圳博物馆 (同心路馆) 9 号厅

展览委员会

序 一

深圳博物馆是深圳市第一家文博机构，成立于1981年。创始之初，馆藏匮乏，历经40余年的铢积寸累，如今登记在册的藏品总量逾22万件，囊括了古代艺术、历史民俗、改革开放等众多门类。这些藏品有的来自本地考古出土，也有上级或同行单位调拨，社会各界的捐赠更是我馆丰富和完善馆藏不可或缺的途径，特别是具有等级的珍贵文物更是仰赖收藏名家的慷慨捐赠。其中捐赠我馆最具重要意义的当属商承祚先生。

商承祚（1902～1991年），字锡永，号驽刚、蠖公、契（同"栔"）斋，是我国著名的古文字学家、金石学家、考古学家、书法家、教育家和文物鉴藏家。商先生出身的广东番禺商氏是近代以来岭南地区具有重要文化影响和贡献的世家，曾有"一家二代三进士"的佳话。他幼承家学，20岁入北京大学研究所国学门，21岁就出版了中国最早的甲骨文工具书《殷墟文字类编》。其学术与鉴藏深受清代乾嘉以来金石学以及近代启蒙思潮的影响，在甲骨文、金文、战国秦汉文字等古文字，青铜器、先秦史、书法、篆刻等诸多研究领域贡献巨大。

商承祚先生喜收藏，精鉴别，晚年主张"藏宝于国，施惠于民"，将所藏文物先后分门别类捐赠给故宫博物院、中国历史博物馆、广东省博物馆、广东民间工艺博物馆等；先生逝世后，其子女又遵其遗愿将所藏文物继续整理分批捐赠给中山大学、深圳博物馆等。

承蒙番禺商氏家族信赖，深圳博物馆获得商承祚先生收藏的殷墟甲骨、商周铜器、战国铜镜、唐人写经、宋代石砚、明清以来书画篆刻等各类文物共计500余件/套，极大地丰富和提升了我馆藏品数量和质量，成为深圳博物馆的特色收藏。其中就有本书所收的"契斋"藏历代名人印章173件/套。这批印章有很多出自明清篆刻大家之手，有些是名人自用章，如明代王宠、何震；明末清初程邃、周亮工、傅山、朱彝尊；清代邓石如、翁大年、陈豫钟、陈鸿寿、赵之琛、黄士陵；晚清民国吴昌硕、陈衡恪、李尹桑、邓尔雅、寿玺等。

商家的义举在我国的文物捐赠史上写下了浓墨重彩的一笔，展现了商先生"藏宝于国，施惠于民"的奉献精神。为彰显番禺商氏对我馆的无私贡献，2022 年我馆曾主办"商声振金石——纪念商承祚先生诞辰一百二十周年特展"，集中展示了商承祚先生一生研究、传承和弘扬中华文化的精神与成就。

2024 年"5·18 国际博物馆日"之际，我馆又推出了"契斋藏印——深圳博物馆藏商承祚捐赠印章展"。展览选取"契斋"藏印中的 115 件 / 套印章，以印章的历史与艺术为主题，分"文人篆刻""岭南印风""治印之用"三个单元，呈现篆刻艺术的发展历程、区域特色及艺术功用等，于方寸之间展现明清以来的文人雅趣。此展一经推出，就受到了广大观众的关注与喜爱。

恰逢今年国际博物馆日主题为"博物馆致力于教育和研究"，本次展览亦是建立在博物馆对藏品深入研究基础之上的。自 2006 年深圳博物馆接收这批"契斋藏印"，经我馆研究人员黄诗金等人十余年的持续整理研究，于 2020 年 8 月编辑出版了《契斋藏印——深圳博物馆藏商承祚捐赠印章集》。该书对这批印章的石材、形制、尺寸、印文、边款、篆刻者及篆刻技法等做了全面的载录释读，并附专文记述商氏捐印之点滴始末，及其藏印的历史与艺术价值。有鉴于此书于资料性与学术性兼备，加之本次"契斋藏印"展已作为基本陈列常年展出，故特此重印，以飨公众。

是为序。

深圳博物馆馆长 黄琛

序 二

迪光学林 炳昭史乘

——商氏捐印之点滴

番禺商氏捐给深圳博物馆的一批印章，系先表兄姊弟承继先舅氏"藏宝于国，施惠于民"之宏旨，在 2006 年秋捐赠给深博的，其公而忘私、泽被学林，足以德昭后世。深圳博物馆乃中国改革开放以来重点建设的博物馆，商氏三代促力博物馆文化事业发展，于深圳博物馆别有渊源。自 1992 年以来，先后五次捐赠给深博重要文物计 530 余件（组），包括：甲骨、青铜器、唐人写经、明清书画以及文房清供等。而新中国成立以来商氏无私地向国家有关博物馆和单位捐赠文物的尚有：故宫博物院、中国国家博物馆、广东省博物馆、湖南省博物馆、广东民间工艺博物馆及北京大学、中山大学等，至今在故宫博物院景仁宫为表彰捐献文物而特设立的"景仁榜"上仍镌刻着舅氏的名字。对于番禺商氏捐献文物的义举，文化部、国家文物局多次提及和褒奖。近二十余年以来，国内艺术品市场风生水起，文物类艺术品价格翻涨百倍，若以今日市场估值，番禺商氏所捐文物，更难以

数计矣。

对于这批印章的整理，余有幸自始参与其间，于缘起略知点滴，兹陈述于下。早在 20 世纪 90 年代，自先舅氏锡永先生仙逝以后，表兄志覃一方面忙于学校教学与管理，同时其主持的香港南丫岛考古发掘尚未结束。于此百忙之中，便开始着手整理先舅氏遗稿，同时，秉承其先人遗志，逐步将富藏捐给有关文化单位。因工作关系，表兄时常奔走在京穗两地，或为考古发掘，或为联系出版。时余在故宫工作，也在整理编辑先人有关印章部分的遗稿，常需往还出版社，时在文物出版社偶遇志覃表兄，接触渐次日繁。

2004 年冬，志覃表兄找到余，言及广州家中的印章，余建议先行清理编目，视其规模再作决定。于是余常往广州，或表兄来京，开始清理这批玺印，因知舅氏前有《契斋藏印》和《契斋古印存》之钤谱，故检来相校，发现此两谱皆为古玺印，而现存主要为商氏自用印和明清篆刻。首先是钤印、编目、分类，

商氏自用印祖嗣四代递行皆备，况有先舅氏手镌篆刻者，于家乘传承，关系至大。而明清篆刻部分，早期流派印不少，位列《印人传》之名家比比。其中不但有明清历代印人之作品，亦有明清重要历史人物的用印，无款而不知名者，又多见明及清早期特征，价值尤为重要，固感叹先舅氏眼力之超群。陆续检出有300余件，而钤印、编目登记颇为不易，又南北奔波，留停时间有限，影响效率。迄后，表兄干脆将全部印章陆续搬来北京，以我整理印章之经验，每一印钤三份，分别装袋编号，并造表登记，记得忙时已入暑伏，钤谱肘下要垫毛巾，否则案、纸皆为汗水所濡，所谓"挥汗如雨"不为过也，如此两月有余，才初具规模。

根据初步的整理，余以为先人庋集匪易，且有不少自篆刻之印章，是父辈学人问学与求艺相结合之生动体现，建议宜先按照两大部分付梓出版。而当时，表兄既要忙于工作，又有先舅氏著作繁重的出版计划，故而无暇兼顾，时印章尚未及拓款，于是我将阶段整理全部，装一大箱送回广州。越明年，志疆表兄再来联系，相商拟增邀其学生谢光辉先生，参与进一步整理，余以为甚佳。隔时不久，先表兄携谢先生再一次将全部印章，运来北京，于华侨大厦见面。表兄私下相告：出版

事宜一时资金难措，且个人精力有限，拟将明清篆刻部分捐深圳博物馆，自用印及前辈篆刻交中山大学图书馆集中保存，还有零星重要印章，早已有地方博物馆相中，亦不便推却，虽有分散，但是于小馆而言，反而会特别重视。余深谙谚先表兄考虑周到，平心无大小轻重之分别，至于去向，则非我之关心者。唯深自钦佩：商氏博古收藏而不为私，胸怀大义而慨然捐献，足当为我后世之楷模。但是300余方印章，系舅氏一门三代辛勤攒集，不知其中故事几多，未能集中出版，不免心存戚戚然。

此次捐给深圳博物馆的170余件明清篆刻印章，无论放在哪里都是一批重要的藏品。至于详尽的研究与考证，我相信深圳博物馆的同行，一定会有丰硕的学术成果。以我曾经摩挲过这一批印章个人的感受，其中除了历代印人名家的作品以外，无名的一些篆刻，尤其是明代以及清初期的象牙印、水晶印，尤其重要。其时代特征明显，镌刻精致非凡，与清中后期作品，有着鲜明的区别。可以说，这样的印章，即使在国内重要的大博物馆，也是难得一见，在篆刻史研究上具有特殊的价值。

余自1978年随侍先人整理、编纂古玺印始，陆续摹补《汉印文字徵》、参与编辑了数

部馆藏古印谱，侧身西泠印社，迄今近四十年。而近十余年来，则专心于印章学以及篆刻史的研究与教学，我认为在国家经济高速发展三十年以及当下优秀民族文化传统回归之际，篆刻艺术以及古印章的研究，意义尤其深远。因为印章本是世界人类文明发展史上重要的标志之一，例如：两河流域文明、古埃及文明甚至较晚的玛雅文明，都有印章存在，然所惜亦随其民族而渐次湮灭。而独有中国将印章的使用延续至今，并且一直影响到周边国家。我国古印章于历史学、古文字学、官制、地理研究，冶金工艺史诸多方面研究，作用甚巨，小小的一枚古代印章，虽然只有四五个字，但是其在"证史"与还原古代社会方面，并不逊色于青铜礼器。印章是我中华民族优秀文化遗产的重要组成部分。

篆刻，正是对古代玺印的继承与发展。篆刻艺术自文彭、何震肇兴以来，至今四百余年，所谓"流派纷呈，各擅胜场"，虽然历代印人在师承门派上莫衷一是，但是，有两点可称为"印人共识"，即"宗秦法汉"与"文、何为开山之祖。"篆刻艺术之勃兴，亦非一朝一夕可成，在文、何之前也有四百年的积淀酝酿。自北宋迄明中叶，以蔡京、米芾、杨无咎为先导，力主自撰印稿；其后有赵孟頫、吾丘衍等在理论上的著述鼓吹；王冕等

继而解决了印材的使用；更承顾从德、周应愿、甘旸钤谱立说，为之弘扬，最终迎来文、何之开天辟地。两个四百年，是为因果，篆刻艺术由之产生，历代印人秉炬传承至今。

篆刻四百年以来，大致经历了三个阶段，首先是文、何的"流派印"时期，重在师承，各擅其能，开宗立派；其次，则是以程邃为前导的浙派西泠八家出现，兼收并蓄，弃宗派之流弊，承前启后；最后是西泠印社的创立，四贤共创"保存金石、研究印学、兼及书画"宏旨，印人归宗，篆刻进入高潮，影响周边国家。古诗曾云："沉舟侧畔千帆过，病树前头万木春"，艺术之生命力在于创新。自吴昌硕以来至齐璜，重印文篆刻形式，过于强调个人面貌，将形式创新发展到极致，故齐璜有"学我者死"之语，单纯讲求"形式美"再难举步前行。而岭南之邓尔雅、浙江之赵叔孺、钟以敬、方介堪、唐醉石，以及马衡、家先人等学者类型的篆刻家，以深厚学养，兼擅篆刻，回归传统，俾人耳目一新，别开一方天地，盖使人益悟：四百年来"宗秦法汉"诚不虚缪也。

余以为，学篆刻固有"章法""篆法""刀法"之说，多出后人总结。此技法好学，而真知灼见难求，故以为相比于技法，"知源识流方为法"，只有透彻了解近四百年来，知名

印人篆刻面貌，做过哪些创新尝试，尤其是失败的经验，才可以避免重蹈前人失败覆辙，这才是学习篆刻最重要的方法。记得先舅氏曾著短文，批评过去篆刻家讲求刀法，是"巧立名目欺骗世人"，余深以为然。尤其不主张初学篆刻，仿摹明清篆刻家，而应该先自秦汉印中摹刻，汲取营养，树立正确的知见，才有可能成为时代所需的篆刻家。由此一点，更可以认识到深圳博物馆所接受番禺商氏捐赠这一大批明清篆刻的价值。不只在于名人篆刻的入藏，而在于明清两代四百年来，有名与无名篆刻家艺术道路之探索、成功与失败的重要实物依据，这些印章是学术研究资料，而不只是故人的遗存。

余家与商舅本系姻亲，往来频繁，关系尤感亲切。另外，余盖因自小在先外公云汀老人膝下长大，而锡永舅、东莞容希白先生与家大人，弱龄前后结为学友，共师事于先祖雪堂公。父辈三人不谋而合，分别编辑甲骨文、金文和古玺文字典，其方法体例如出一辙，在《中国现代社会科学家传略》系列出版物中，三人都有《自述》言及这段历史，传为佳话。至今广州中山大学古文字研究仍为罗氏学术体系，余脉不绝。学人既是学者，兼擅书艺绘画，并及收藏与鉴定，且后学林立，各兼所长，足慰先祖公矣。锡永舅自20世纪50年代因参加全国人大、政协会议时常来京，

其间每听戏、看演出，或设宴，总不忘邀上我们在京的小孩子同乐。"文革"动乱中，余曾以"横眉冷对"几罹身祸，紧急中先慈命余南逃，亦曾避至广州中大校园半月有余，舅氏接待周到，尝与余倾谈，戒以"看大局、识时务、参加运动。"改革开放之初，锡永舅曾为国家人事任免、生活倡导，上书中央，直陈胸臆，由此可见舅氏之为人磊拓不羁。

先志韡表兄，貌严而心慈，平日做事缜密且认真，待学生却如子弟，亲切异常。生活中对家人照顾体恤，无微不至，常以忘我。2006年，其在京住华侨大厦期间，来访者无数，于同窗学友，故旧等等皆能面面俱到，关照异常。而有关学术与出版，凡事必躬亲，审校印稿，每至深夜。余与表兄曾多有交流，感佩其处世为人，深以为叹也。2006年承中国社会科学院考古研究所王世民先生力促，余有机会准备影印出版先祖《殷虚书契考释》手稿，此手稿若付梓，可以了却有关《殷虚书契考释》讹传王作的"公案"，令真相大白于天下，故学术史上意义重大。先表兄得知后，自认策划，检阅资料，认为先祖授学于先舅氏有恩，而自己责无旁贷，筹谋出版。当时其自穗打电话来，提出加入罗王有关《殷虚书契考释》编纂过程中的往来书信。先祖致观堂先生信札，多藏于国家图书馆善本书室，余往逐一查阅微缩胶片，最后确定十八通信

札采录。而按国图当时收费标准，信札拍照资近万元，局促中又是表兄援手代付，而查阅此前"东方出版社"出版《罗振玉王国维往来书信》其中释文多有错谬，又得表兄鼓励决意重释。此书在文物出版社付印过程中，表兄又代为申请国家古籍整理出版基金，解决资金问题，最终于 2008 年 5 月出版，并获古籍整理类国家二等奖，此多赖先表兄也。

日月不居，先表兄逝世倏忽已八载，其为人慷慨大义，但所惜未能高寿，今此书之出版，或也是对于先志韡表兄的一种纪念与告慰。

余庸碌无所长，唯于印学持之有年，每忆成长往事，概多感慨父辈学人谆谆之教诲。今将此批捐赠深圳博物馆明清篆刻印章，有关人事冗杂、细琐点滴故事借此陈述，虽仅关乎家族父兄辈行状，但或将来有人希望了解现世人文者，余之所叙，或具拾遗补阙之末功，则足慰凡心矣。

罗随祖
丁酉年闰六月初吉于京西之寓居

注：作者为故宫博物院研究员

序 三

深深的震撼

好友黄诗金先生编辑《契斋藏印——深圳博物馆藏商承祚捐赠印章集》一书，承蒙厚爱指定我来写一篇序言，感动之余把书稿从头至尾好好阅读了两遍。未及一半，我竟然达到热血沸腾的地步，乃至内心产生了多年来从未有之的震撼，而且久久方才平静。

令我内心产生震撼的原因有三，其一是为商家捐赠的义举而再次感动。我有幸与商家的商志馥先生交往多年，而且相谈投机，大有相见恨晚之意，至今他的弟子仍有称我为师兄者。那时我在文物出版社做编辑部主任，为他编辑了多本图书。其中有一函三卷的线装本《黄士陵印存》，商老虽然谈吐风趣，但是谈及编辑诸多问题则相当严谨，从不放过任何细节。故此书的含金量大大高于我所编辑其他印谱，文字资料丰富，无疑为印存本身增加了厚重。商老亲自撰文对印章的释文和说明文字做了详尽的阐述，并写了后记，使之完整并达到了尽可能的完美。商老的为人和治学精神实在是令人感动。正当我们的合作日臻默契的时候，商老突然离世，合作不得不画上极不情愿的句号。至今思想起来，还是伤感不已。

今天面对《契斋藏印》，我再次为商家的义举所打动，能把这么多且相当珍贵的印章捐献出来，真正是胸襟坦荡，具有非凡的卓识远见。我知道，此时此事用什么样的赞誉都不为过，都在情理之中。这使我想到捐献唐代诗仙李白《上阳台帖》等国宝的张伯驹先生，想到在纷乱的现实中抢救回宋代张择端《清明上河图》奇珍的杨仁恺先生……我们的文化传承就是有赖于这些志士的超乎常人的无私壮举。

当然，我们知道商家捐献的文物远不止这些，单从数量上说，这仅仅是一小部分。今天，人们偶尔谈起商家，知道的只是清代最后一个探花和一位古文字学家。商家对民族文化和国家的拳拳之心，还有商家后代的杰出业绩却知之甚少。这固然是一种难以弥补的缺憾，但也是民族文化博大精深的体现。今天，出版《契斋藏印》就是对商氏家族业绩的追思和崇敬。现实和历史都不会忘记商氏家族的业绩，仅此一点，黄诗金先生编辑此书就显得意义非凡和功德无量了。

还有一个震撼是再次为篆刻艺术所折服，称之国粹确实名副其实。众所周知，篆刻艺术由古代印章发展而来。古代印章，秦汉是高峰，那时全凭铜来铸造，而今天的篆刻是用石章来镌刻的，二者虽然有着本质的区别，却又一脉相通，这就是艺术本身的奥妙和魅力所在。如何由铜质转为石料一直是篆刻论著中不可回避而又论之极少的部分。谁也明白，只有元代王冕开了石刻的先河后，真正意义的篆刻才理直气壮地出现在社会之中。从那时起，篆刻才有了浓郁的文人气息，或者说是文化意味。篆刻也随之逐步开始了流派纷呈的繁荣局面，文人乃至艺术家的个性才逐步在方寸之间展现出来。

篆刻艺术直到20世纪60年代还是知音少之又少，后来几乎是"忽如一夜春风来，千树万树梨花开"，成为极为普及的艺术形式，越来越多的人参与进来。今天的印坛虽然人数众多，阵容日益豪华，但其水平究在中国文化史上有着何等的地位，还有待后世的评说。在这种情况下，明清直至民国的篆刻家的作品就显得弥足珍贵，这些已经定论的东西，要比今日那些显赫或者不显赫的篆刻家留下的作品更经得住推敲，也就是说更可靠一些。我们翻开《契斋藏印》，不难发现其

中从明代的王宠、何震、程邃……到清代的邓石如、陈鸿寿、赵之琛……乃至民国的李尹桑、邓尔雅、陈师曾等，可谓名家林立，精品俯拾即是。商家的收藏显然是用心良苦，这些藏品再清晰不过地勾勒出篆刻艺术发展的清晰轨迹。如果稍加补充并配以文字，就是这一时段篆刻史的框架了。

我们在欣赏篆刻作品时，一般都是从书法、章法和刀法三个角度去看，这几乎已经是人们的共识。其实，篆刻也是一种综合艺术，对于印石的选择和印文的确定，无不渗透着艺术家的心血，这两点在阅读《契斋藏印》时都可以得到参悟。

第三个给我带来震撼的原因就是黄诗金先生的作为了。我们看到他对每一方印章都是先有篆刻家的简介，然后涉及了尺寸、石质、印文及出处，对印石的质地和印钮的特征也有恰到好处地表达，乃至边款的内容都一一注明。每一方印不仅有印模，还有印石、印面。图文并茂的说法，在这里已经显得有几分苍白。这些印章都是黄诗金先生亲自拍摄，每次按动相机快门前的打量、端详，其实就是品味，在寻找最佳的境界。加之这种全方位的表达，都是心血的体现，绝非一日之功力。黄诗金先生对艺术的执着、坚韧和入木三分的热爱，都淋漓尽致地体现了出来。

总之，读了此书稿，使我真正知道什么叫爱不释手，之所以产生震撼，也是顺理成章的事情了。商家捐赠的义举，篆刻本身的属性，

还有黄诗金先生为此书所付出的心血，都是令人十分感动的。

我们的文化源远流长，博大精深，需要我们做的事情真是太多、太多了。然而，每个人的精力和时间都是相对有限的，只要像黄诗金先生这样踏踏实实做一件事情，那么毫不夸张地说，我们的大厦又多了一块砖或者是瓦。不要慨叹个人力量的渺小和知识的有限，尽力而为，问心无愧就是我们的天职。

以上就是受黄诗金先生嘱托所写的几句话，不知有何不妥之处，唯望方家多多指教。

崔陟

丁酉年惊蛰日于北京归燕堂

注：作者为中国书画收藏家协会会长，文物出版社《书法丛刊》编委，曾获首届中国书法兰亭奖。

目 录

怀念文化世家的义举

——商承祚先生藏书画与印章捐赠深圳博物馆始末

广东番禺商氏是近现代时期具有重要文化影响和贡献的家族，也是新中国成立后无偿向国家捐赠文物数量最多的家族。晚清民国以来，商衍鎏、商承祚先生及家人用毕生精力收藏了众多的书画、印章、简牍、甲骨文以及文房等文物精品，最终都毫无保留地捐献给了国家，这种难能可贵的无私义举彰显了传统学者的家国情怀与人文精神，为世人所称颂。国家文物局原局长张文彬曾这样总结："新中国建立后，私人捐赠文物给国家最多、最珍贵的是商家。"[1]据不完全统计，从1964年开始，商氏家族共计无偿捐献了1200多件珍贵文物，被国家文物局定为一、二级文物的就超过60%。深圳博物馆与中国国家博物馆、广东省博物馆、广东省民间工艺博物馆、湖南省博物馆、南京太平天国博物馆以及中山大学图书馆、香港中文大学文物馆、南京大学博物馆等多家单位均受惠于商氏家族的慷慨捐赠。2002年，为纪念商承祚先生诞辰一百周年，国家文物局批准特别在故宫博物院举办"商承祚先生捐献文物展"，

这在新中国为文物捐赠史上也是极高的国家荣誉。

深圳特区成立之后，深圳博物馆是接受商氏家族捐赠书画篆刻藏品最多的博物馆。深圳博物馆创始之初，馆藏资源贫乏，商家的捐赠如雪中送炭，为丰富和提升馆藏奠定了坚实的基础，同时也是对深圳市文化建设的一大贡献。为纪念和褒扬商氏家族大公无私的义举和为传统艺术保驾护航的文化情怀，回馈社会各界关怀深圳博物馆的发展，借本书的篇章回顾商氏家族两代为深圳和我馆文博事业发展所做的贡献，也是一种最好的纪念和感恩。此前，我馆原古代艺术研究部王晓春已利用馆藏商氏捐赠文物撰写了《纪念商衍瀛、商衍鎏二先生》一文[2]。本文拟就商承祚先生及其子女捐赠深圳博物馆文物相关事迹做一梳理。

商承祚（1902～1991年），字锡永，号驽刚、蠖公、契斋，广东番禺人，清光绪二十八年农历正月二十八日出身于书香门第，是清代科举最后一科探花商衍鎏先生次子，

著名的古文字学家、考古学家、文物鉴定家、金石篆刻家、书法家和教育学家。商承祚自幼承袭家学，深受父亲及伯父商衍瀛的影响。1922年，师从罗振玉研习古文字和文物鉴定；后由马衡推荐入北京大学研究所国学门为研究生；1925年，任南京国立东南大学讲师；1927年，任中山大学国学系教授；1930年代先后在北平师范大学、清华大学、北京大学和金陵大学任教。抗日战争爆发，随金陵大学迁往四川，后又在齐鲁大学、重庆大学等任教。1948年后重返中山大学中文系执教，任中山大学中文系主任。又兼任广东省书法协会主席、广东省文物管理委员会副主任等职。1991年5月12日逝世。

商承祚教授一生著述丰富，尤其是古文字研究方面成就突出，这得益于近代学术大家罗振玉先生的悉心指导。1923年，时年23岁的商承祚即出版了《殷虚文字类编》，此书深得王国维先生的推赏，这既是我国最早、最有建树的甲骨文字典之一，也是商老的成名之作。1933年后，出版了《福氏所藏甲骨文字》《殷契佚存》，发表了《古代彝器伪字研究》，均颇有创见。新中国成立后著有《石刻篆文编》，这是迄今唯一的石刻篆文字典。商承祚的《长沙古物闻见记》《长沙出土楚漆器图录》《战国楚竹简汇编》等著作更是开楚文化研究之先河。此外还著有《说字》十四卷和《先秦货币文编》等[3]。

商承祚先生生活简朴，热爱收藏，精于鉴别书画篆刻，"读万卷书，行万里路"，为收藏文物不辞劳苦，不惜借贷典当，即便历经"文革"磨难，依然矢志不渝。商承祚先生收藏金石书画篆刻及相关文物十分丰富，展现了传统学者的治学风范。商承祚先生晚年主张"藏宝于国，施惠于民"，并留有箴言："文物藏之子孙，莫若藏之国家。藏之子孙，难免散失；藏之国家，万无一失。"这种大公无私的家训和传统被其长女商志男以及长子商志馥、次子商志䂄三姐弟所秉承。

1988年11月1日，86岁高龄的商承祚先生在商志䂄教授的陪同下，亲临深圳博物馆参加开馆典礼。随后，商老在馆领导陪同下参观考察深圳，他发现深圳的基本建设与文物保护的矛盾比较突出，再加上深圳毗邻香港，从内地通过深圳口岸走私文物出境的情况也比较严重。有鉴于此，商老对时任深圳博物馆馆长的黄崇岳说："深圳市需要尽快建立文物管理机构以加强文物管理工作。"1989 年，商老又应黄崇岳馆长的请求，给时任深圳市委书记李灏同志写信，建议成立深圳市文物管理委员会及其职能机构，对深圳地上地下的文物古迹进行有效保护。李灏书记高度重视并做出了重要批示，深圳市人民政府随后采纳了商老的建议，于 1992 年成立了深圳市文物管理委员会及办公室，深圳的文物工作机构得到完善，文物保护工作也纳入了法治的轨道。此后，商志馥教授还在深圳经济特区建设过程中，不辞辛劳、多次积极地主持与参加深圳考古发掘工作，为深港文物考古工作作出了重大贡献。

商承祚先生辞世后，其长女商志男与长子商志馥、次子商志馥三姐弟遵循商老"藏宝于国、施惠于民"的遗志，将诸多家藏文物珍品捐赠给深圳博物馆。长女商志男，原任铁路中心医院眼科专家，是著名医学专家。长子商志馥，曾任中山大学任图书馆学系筹备组副组长、副教授、硕士生导师，参与创办中大图书馆学系；历任中国图书馆学会常务理事、广东图书馆学会理事长、名誉理事长等职；后任广东文史馆专家，潜心整理祖父商衍鎏的著述。次子商志馥（1933～2009

年），字郁逸，我国著名的考古学家、人类学家，中山大学人类学系教授、副主任。1980 年代曾主持江苏吴文化考古，解决了春秋战国前期文化起源问题 1989 年。后赴香港参与香港南丫岛大湾遗址发掘，开创了内地考古机构赴港发掘之先河；后来又参与发掘香港马湾东湾仔遗址，被时任国家文物局局长的张德勤誉为"第一支走出内地的考古队"，该项目也被评为"1997 年全国十大考古新发现。"

商氏家族文物捐赠主要由商志馥教授负责各项事务。商志馥教授常说："这些文物尽管是我父亲自己掏钱买的，但文物属于国家、社会，应该还给国家、社会。"所以他们愿将其祖父商衍鎏先生、父亲商承祚教授毕生所藏的珍贵文物、藏书、手稿等慷慨捐献给国家。在当时社会市场经济发达、文物艺术品市场价值不断攀升的形势下，此项爱国义举诚属罕见。值得崇敬的是，商氏家族将捐赠文物的国家奖励资金全部用于教育事业，2002 年设立中山大学商承祚奖学金，用于奖励中文、人类、信管（现资讯系）三系的优秀学生。2004 年，商志馥教授又和妻子王坤儒一起用退休金设立商承祚人类学奖学金。这种爱护教育与人才的奉献精神着实令人肃然起敬。

一、书画捐赠

1992 年，商氏家族向深圳博物馆捐赠家中所藏241件书画及相关文物，这是商家第一次大规模向我馆捐赠重要文物。其中书画文物最具价值，经国家文物鉴定委员会委员、著名书画鉴定专家杨仁恺、史树青、苏庚春等鉴定，本次捐赠明清时期及近现代作品多为名家精作，其中明代祝允明草书《晚晴赋》《荔枝赋》卷，被专家一致认定为一级藏品。杨仁恺先生称："此二赋草书近承张东海，远法张颠、醉僧，心手两畅，诚属于不可多得之妙迹。"[4]二级藏品共有9件，包括郑天鹏草书《和张南湖诗》卷、王问《草书诗》卷、茅坤行草书《游西湖诗》卷、赵备《万竿烟雨图》卷、刘正宗行书《五言诗八首》卷、董其昌行书《临颜平原争座位帖及送刘太冲序》卷、王铎行草书《五言忤诗》轴、黎简《奇峰古刹图》轴以及郑板桥《水墨四面风竹图》轴。其余藏品均被定为三级藏品。

1997年7月，商志醰教授特意邀请了原广东省著名书画鉴定专家苏庚春先生，在中大学生的陪同下，用一部面包车拉了三口箱藏品送到深圳博物馆。时任深圳博物馆的黄崇岳馆长早已安排好保管部相关人员等候，即时在文物库房一楼接待室开箱清点。经苏庚春先生仔细鉴定，其中既有清代名家包世臣、梁山舟、宝熙、黄慎、伊秉绶、何绍基等人的书画精作，也有近现代名家梁鼎芬、康有为的信札以及梁启超、谭延闿、沈钧儒、陈叔通、何遂、刘春霖、朱汝珍、张启后、罗振玉、黄宾虹、叶恭绰、郭沫若、何香凝、

关山月、黎雄才等人的书画力作，此外还有商志醰教授的祖父商衍鎏、父亲商承祚的手稿等藏品，共计131件。后经专家评估，这批藏品价值至少超过了300万元。在20世纪90年代，300万是一个非常巨大的数额，当时深圳市政府拨给深圳博物馆的文物征集经费一年才30万元。商承祚先生及其子女"藏宝于国、施惠于民"的高风亮节和无私精神，感动了全馆员工。商志醰教授捐赠文物后，没有向馆方和深圳市政府提任何要求。馆领导后来向上级机关请示，要求发放一点奖金给商家，对其保护国家文化财产不受损失的贡献表示谢意。可当时深圳市财政经费非常紧张，没有这笔经费预算。于是黄崇岳馆长向已离任的李灏书记汇报了此事。不久，李灏书记请来一位企业老总到博物馆参观商家捐赠文物，馆长黄崇岳、副馆长杨耀林陪同，向这位企业老总介绍文物的来历，该老总听后非常激动，立即表态愿襄助80万元给商家家属，以鼓励后人。

2005年1月，商志醰教授卧病在家。时任深圳博物馆馆长的王璧指派我前往广州探望。商教授非常关心深圳博物馆新馆建设与藏品征集情况，当场拿出清代今释行草书《赠别石友道兄之三衢郡丞序》手卷和一件尚未装裱的关山月、黎雄才合作的《苍松寿石梅花图》大画捐赠给我馆。商教授介绍说，今释行草手卷引首由著名古文字学家容庚先生篆书题"石舵文字"，拖尾有容庚先

1997年深圳博物馆召开"纪念商承祚教授对文物工作的贡献座谈会"，广东省文化厅、
省博物馆等领导专家及家属参加座谈合影留念

生行书题跋；而《苍松寿石梅花图》是黎雄才、关山月在广州酒家为其父商承祚先生八十三寿诞所作的合作画。这两幅都是具有特别意义的书画作品。时隔不久，商志馣教授又亲自送来两件藏品，一件为清代戴熙《龙泉寺检书图》手卷，一件为清代包世臣《行草书十七封信札》手卷，同样是难得的珍品。

二、印章捐赠

契齋藏印的捐赠是商氏家族对深圳博物馆的又一厚爱和鼎力支助。2006年6月，商志馣教授致电给我，称近日清理出商老生前收藏的一批名人印章，准备捐赠我馆作为藏品。此后，经过商先生的多次整理，契齋所藏明清及近现代名人印章总计有180余方。当时深圳博物馆馆长杨耀林提出派保管部专人负责协助商教授整理，商教授以家中不便婉拒。2006年7月中，商志馣教授通知我馆到北京接收捐赠契齋藏印事宜，深圳博物馆即委派我与张东煜赴北京办理藏品接收事宜，当时商教授约在北京华侨宾馆。经过一整天的清单核对与包装，完成了总共350多方印章的清点。最终，商教授将商承祚先生藏明清及近现代名人印章部分共173方印章交付深圳博物馆收藏。商教授当时特别提到杨耀林馆长说："你们的现任馆长杨耀林是我的学生，我很了解他，他非常忠厚，能干，现还在筹建新馆，这很辛苦。你回去告诉他要多保重身体，商老师会永远支持他。"由此可见商先生教书育人的良苦用心和对学生的关怀爱护。

受晚清民国金石学风潮影响，商承祚教授生前也喜集古玺印，收藏颇多，曾于1934年辑成钤印本《契斋印存》八册传世，又集历代名人印章。捐赠给我馆的这批印章抵达后，广东省文物鉴定站单小英主任与李遇春、潘明皋等鉴定组专家给予了高度评价，认为具有重要的历史、艺术与科研价值。这批印章质地多样，有象牙、田黄石、寿山石等，很多出自明清篆刻大家之手，有些是名人自用章。这批印章包括明代王宠、何震，明末清初程邃、周亮工、傅山、朱彝尊，清代邓石如、翁人年、陈豫钟、陈鸿寿、赵之琛、黄土陵，晚清民国吴昌硕、陈衡恪、李尹桑、邓尔雅、寿玺等诸多重要名家印章，非常珍贵。

白驹过隙，时光流逝。商承祚先生离世已整整二十六载了。商志罈教授于2009年7月突发脑溢血辞世，商志馥教授也于2013年因病辞世。虽然商承祚先生与商志罈、商志馥三位先生均已驾鹤仙去，但商氏家族捐献珍贵文物的情景依然历历在目，记忆犹新。据统计，从20世纪90年代至21世纪初，商氏家族曾先后五次向深圳博物馆捐赠珍贵文物，包括殷墟甲骨、商代青铜钺、战国铜环权、战国铜镜、唐代经卷、明清书画印章以及笔墨纸砚等文房用品，共计530余件，其中大多数文物都被定为一、二、三级珍贵文物，大大提升了我馆馆藏文物的数量和质量。商氏家族慷慨无私地捐赠珍贵文物的事迹在世人心中筑起了一座永远的丰碑。

商承祚先生及其后人的博大胸怀和大公无私的奉献精神，必将载入文化史册，永远为世人钦敬。

深圳博物馆　黄诗金

注释：

[1] 见《深圳商报》2007年2月10日版。

[2]《中华书画家》2014年第12期，第66～69页。

[3] 商志罈：《商承祚先生传略》，载《清芬济美——番禺商氏四代诗书画集》，文物出版社，2009年，第229页。

[4] 广东省博物馆、广东民间工艺博物馆、深圳市博物馆编：《商承祚先生捐赠文物精品选》，岭南美术出版社，1998年，第12页。

图版

001

王宠"天地入胸臆 吁嗟生风雷"朱文寿山石印章

明

长 5.3 厘米　宽 4.0 厘米　高 4.6 厘米

重 282 克

寿山石。质地细腻，色青黄，满布深色纹理。
纵向长方形。朱文，篆隶结合，粗犷有力，古朴生辉；
刀工精到犀利，底纹光滑平整。印体两面边款单刀阴
刻楷书款：一面刻"天地入胸臆 吁嗟生风雷"，一
面刻"吴郡雅宜山人王宠作"。
印文语出盛唐诗人孟郊《赠郑夫子鲂》："天地入胸
臆，吁嗟生风雷。文章得其微，物象由我裁。宋玉逞
大句，李白飞狂才。苟非圣贤心，孰与造化该。勉矣
郑夫子，骊珠今始胎。"

王宠（1494~1533 年），字履吉，号雅
宜山人，江苏吴县（今苏州市）人。博
学多才，工篆刻，擅山水，诗文声誉很
高，而尤以书名噪一时，为明代中叶著
名的书法家，是继文徵明之后的著名书
家，与当时祝允明，文徵明齐名，被誉
为"吴门三家。"

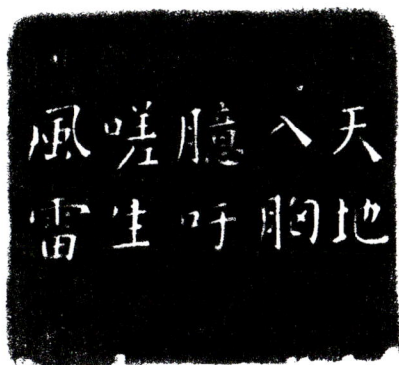

王宠款"花愁酒债何时了偿"白文青田石印章

明清

长 5.8 厘米 宽 2.9 厘米 高 4.9 厘米

重 235.6 克

青田石。质地略粗，黑灰色斑纹相间，有划痕、崩缺。
纵向长方形，印文"花愁酒债何时了偿"八字二行自右向
左竖读。篆书。章法均匀对称，刀法含有汉风。单刀阴刻
楷书边款："花愁酒债何时了偿。陈大声曲中句也。梦侣
社兄风彩绝世，真不愧此语，用篆以奉赠焉。王宠。"这
方应是仿王宠的刻印。

贞吉"春山翠遐"朱文寿山石印章

明 嘉靖四年（1525 年）
长 2.0 厘米 宽 2.0 厘米 高 2.4 厘米
重 24 克

寿山石。质地细腻，红褐色。

采用秦汉古制伏龟钮，龟甲纹理细致，趣味盎然。龟身两侧有一对穿（缚系彩带用）。印文"春山翠遐"篆书，章法对称工整，刀法顺畅娴熟，敲击边框恰到好处，苍劲拙朴。边款错位单刀线刻隶书："春山翠遐"；行楷线刻："嘉靖四年三月十五日，篆于爱月楼中戏笔。贞吉。"另有商承祚先生刻铭："契斋藏"，显示了商老对此印的珍视。

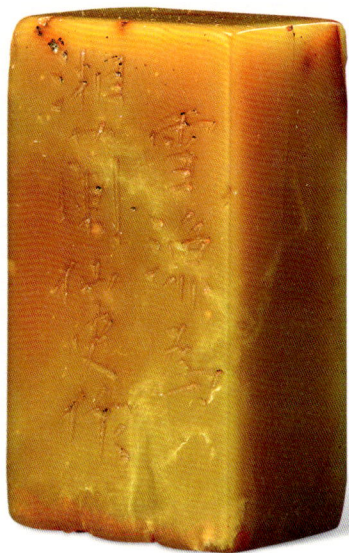

004

何震"冷暖自知"白文寿山石印章

明

长 2.1 厘米　宽 1.6 厘米　高 3.7 厘米

重 34 克

寿山冻石。质地凝润细腻，色蜡黄，肌理有暗红斑纹。纵向长方形，印文篆书"冷暖自知"四字。章法稀疏有致，刀法自然和顺。单刀线刻楷书边款："雪渔为湘兰仙史作"。

现藏西泠印社的何震传世名作"听鹂深处"，该印边题款"王百榖兄索篆赠湘兰仙史，何震"，可知这是万历初年名士王稚登倩何震刊刻并赠给"秦淮八艳"之一马湘兰的印章。契斋藏此印题曰"雪渔为湘兰仙史作"，说明是何震为马湘兰所刻。若边款无疑问，此印当是极为珍贵的晚明重要印章。

马湘兰（1548～1604 年），名守真，字湘兰，晚明秦淮八艳之一，秉性灵秀，能诗善画，尤擅画兰，故以"湘兰"著称，与江南才子王稚登交情甚笃。《板桥杂记》称"姿首清丽，濯濯如春月柳，滟滟如出水芙蓉。"

何震（约 1530~1605 年），字主臣、长卿，号雪渔，安徽休宁县（现属江西婺源县）人。明代著名金石篆刻家，寓居南京，深究古籀，精研六书，嘉靖时颇负盛名，为徽派（亦称皖派）的开创者，与"吴派"创始人文彭情同师友，并称"文何"，同为中国印学史上开宗立派的大师。何震提出"法古而不泥古"的主张，独辟蹊径。一生未仕，全靠售艺维持。晚年病殁于南京承恩寺。著有《续学古编》《印选》。其自编《何雪渔印选》，开印人汇辑自刻印谱之先河。

005

程邃"恒山梁清标玉立氏图书 / 蕉林居士" 朱文青田石对章

明末清初

长 2.4 厘米　宽 2.4 厘米　高 5.5 厘米

重 87/80 克

青田冻石。质地温润细腻，色青黄，肌理隐现浅色斑点及些许金线纹理。

二方章规则方形对章，一方朱文"恒山梁清标玉立氏图书。"篆隶结合，章法等分端庄，刀法循规蹈矩，汉风余味浓重。顶部单刀行楷粗刻："垢道人程邃"。另一方朱文"蕉林居士"。汉篆，章法平分秋色，刀法纯正老练，汉印风格未变。一角有意微击边。顶部单刀行草粗刻："垢道人"。

梁清标（1620～1691 年），字玉立，号棠村、蕉林，斋号秋碧堂，河北正定人。明崇祯十六年（1643 年）进士，清顺治元年（1644 年）授编修，官至户部尚书、保和殿大学士。书画鉴藏的一代大家，金石文字、书画、鼎彝收藏富甲海内，著有《蕉林诗集》《蕉林文稿》等行世。

程邃（1605~1691 年），字穆倩，一字朽民，号垢区，又号垢道人，自称江东布衣，安徽歙县人，居南京十余年，明亡后移居扬州。与万寿祺同师事陈继儒，尤长于金石考证之学，家藏历代碑本及秦、汉印章名画法书甚富。作诗幽涩精奥，作画喜枯笔干皴，俱名重一时。篆刻取法秦汉，为皖派代表。朱文喜用大篆，白文精探汉法，刀法凝重，富有笔意。其风格于文、何、汪、朱外，别树一帜。著有《会心吟》等。

006

傅山 "山" 朱文青田石印章

明末清初

直径 1.8 厘米　高 3.9 厘米

重 28.7 克

青田冻石。质地温润细腻，色深褐，略有浅灰色斑纹。圆柱状印石、平顶无钮，印面及印体为圆形。一字居中布章，为阳刻汉篆变体，章法对称规整，倚重图案化修饰；刀法方中带圆，一气贯通。边款阴刻行楷："朱衣道人。"

傅山（1605~1690 年）字青竹，别署石道人，号啬庐、朱衣道人，山西阳曲人。明末清初负有盛名的学者与书法篆刻大师，康熙十八年（1679 年）诏举鸿博，称疾固辞，特加内阁中书。书名最盛，篆隶真草皆精，富收藏金石，精鉴别，尤精篆刻。著有《霜红龛集》。

周亮工 "草草了事" 朱文寿山石印章

明末清初

长 1.6 厘米 宽 1.6 厘米 高 4.4 厘米

重 29 克

寿山石。质地细腻，色灰黑，黑白斑文相间。

印章呈方柱状，印面呈圆形。形神趣味十足。汉篆，

以圆形不对称布局，章法随意灵活，刀法圆润有致。

侧刀圆刻碑行体边款："赖古堂集印，栎园。"

周亮工（1612~1672 年），字符亮，号陶庵、栎园、适园等，江西金溪人，寓居金陵，清初历官户部侍郎等职，著名文学家、篆刻家与收藏家，著有《赖古堂印人传》《赖古堂印谱》等重要篆刻艺术著作。

008

佚名"求益子"朱文象牙印章

明末

长 2.7 厘米 宽 2.1 厘米 高 3.5 厘米

重 34.5 克

象牙。质地致密、光滑细腻，奶白色微黄，表面油脂
光泽，可见金色半透明羽纹，自然裂纹雅致。

长方形，朱文，"求益子"，汉印、隶篆意韵并存。
留白疏朗，疏密有致。顶款单刀隶书"求益子。"此
印采用明中晚期流行的象牙材质，篆刻风格古拙而苍
劲，具有典型时代特征。

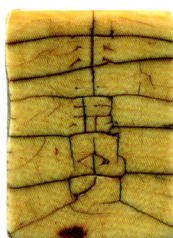

佚名"张光"朱文青玉石印章

明清
长 2.1 厘米　宽 2.1 厘米　高 2.3 厘米
重 21.7 克

青灰玉。质地略粗，色青黑，间有浅白色。
方形，秦汉古朴的伏龟形钮。汉印风韵。布章古拙，
刀法和笔道粗狂豪放。粗圆毛边的外廓与简刻有力的
篆体连为一体，显出异样风采。

010

克生"万壑松涛"朱文青田石章

明 崇祯五年（1632 年）

长 1.8 厘米 宽 1.8 厘米 高 2.3 厘米

重 19 克

青田石。质地细腻坚硬，灰黑色。

采用秦汉古朴的伏龟钮，龟甲纹理清楚。方形，章法
严谨，刀法古拙平和。单刀行楷刻边款："崇祯五年
五月端阳日，篆于西湖草堂。克生。"此印有具体年
号，比较珍贵。

佚名"吕留良印"朱文象牙印章

清初

长 1.9 厘米 宽 1.9 厘米 高 3.3 厘米

重 20 克

象牙。质地细腻，色泽玉润，米黄微赭色，其上有两条褐色纹理。

平头方形。刻文字刀法则直线深刻而底平，为其时治印特征之一。文字篆中含有九叠纹风格，边框细窄且击边。布章循规蹈矩，古朴中留有雅趣。

此为吕留良一枚私印，吕留良（1629～1683 年）是明末清初著名的学者、思想家，号晚村。雍正十年因曾静案被剖棺戮尸，著述遭焚毁，受文字狱迫害达四十年之久。这枚印章是目前所见吕留良留下的唯一一枚印章，弥足珍贵。商承祚曾在题赠给友人王贵忱的吕留良印章拓片中称："不仅重其物，更重其人。"此印虽未题款刻铭，但推测应是清初知名篆刻家所作。

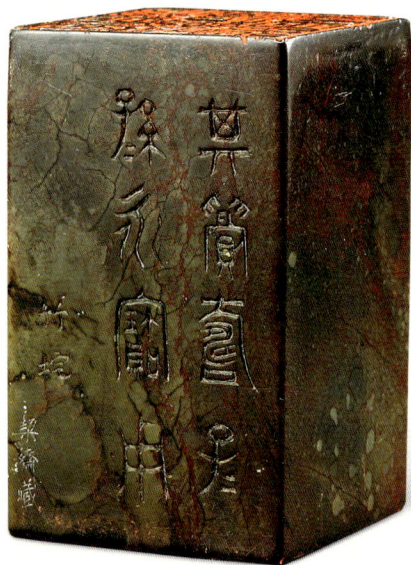

012

朱彝尊"物我有情欢喜世界／身心无病烟火神仙"朱白双面章

清

长 3.8 厘米　宽 3.8 厘米　高 6.1 厘米

重 221 克

寿山石。质地细腻，色灰黑，肌理隐现黑白斑点及红、黑色纹理。

方形，一石双面刻，细线朱文："物我有情欢喜世界。"布章均匀有致，娟秀亮丽，刀法细腻，笔道圆润，富有文人气息。中粗光滑的白文："身心无病烟火神仙"，布章规矩对称，方正中见灵活。单独与单双刀结合篆书边款："其眉寿子子孙孙永宝用。竹垞。"其下方刻边款"契斋藏"，足见商承祚先生对此印的肯定与珍视。

朱彝尊（1629~1709 年），字锡鬯，号竹垞，又号金风亭长，浙江秀水（今嘉兴）人。清初著名文学家、学者。康熙十八年（1679 年）举科博学鸿词，以布衣授翰林院检讨，入直南书房，曾参加纂修《明史》，曾出典江南省试。学识渊博，通经史，诗词古文俱佳。词推崇姜夔，为浙西词派的创始者；诗与王士禛齐名，时称"南朱北王"。著述甚丰，有《经义考》《日下旧闻》《曝书亭集》等名著。

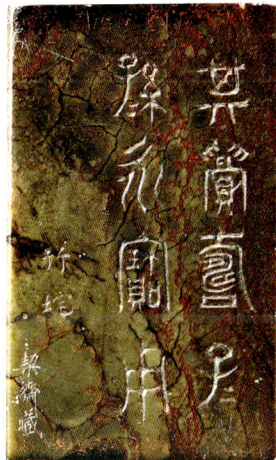 

013

朱彝尊"仁寿"朱文寿山石章

清

长 2.7 厘米 宽 1.2 厘米 高 5.9 厘米

重 25 克

寿山冻石。质地温润细腻，黄色，肌理隐现红色斑点。
印体为圆雕三管翠竹，印面不规则椭圆形。阳纹大篆
和汉篆变体刻，汉韵醇厚；刀法粗细均衡，贯通一气。
边款阴刻行楷："垞"。

朱彝尊号竹垞，此印以翠竹为形，题刻用"垞"，寓
意"竹垞"，或是朱氏所刻。

014

高凤翰 "江光彦印" 白文寿山石章

清

长 2.5 厘米 宽 2.5 厘米 高 6.3 厘米

重 106 克

寿山石。质地细腻圆润，米黄色，肌理隐现红色斑点，通体黑褐色纹理，自然古朴。

方形平头钮，"江光彦印"白文，雄浑饱满、神采焕然，笔画虽然粗重而劲力内含，布局虽然匀满而清虚通透，汉印遗风。双刀刻款篆书："西园高子凤翰题"。

江光彦，字笔山，江苏兴化廪生，工诗善书，篆刻尤奇古，与高凤翰之间可能有往来。

高凤翰（1683~1748年），字西园，号南村，晚号南阜，一号石顽老子、松懒道人等，山东胶州（今胶县）人。雍正五年（1727年）举孝友端方，官徽州绩溪知县。尝师从王世禛，后又受尹元孚、卢雅雨知遇。工书画，山水兼北宋之雄浑、元人之静逸，嗜砚，藏砚千余，究心缪篆，印宗秦汉，苍古朴茂。郑燮印章，多出其与沈凡民之手，著有《南阜诗钞》《砚史》等。

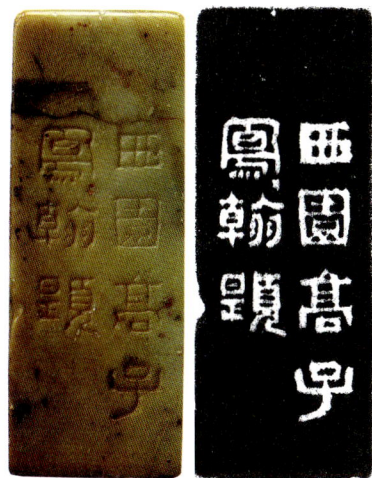

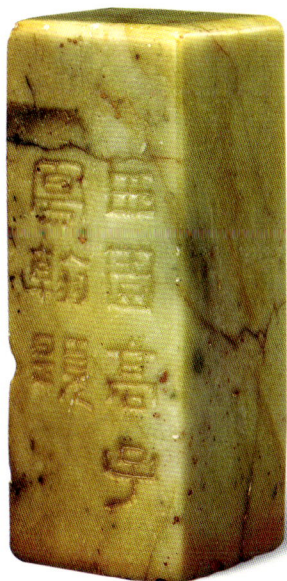

佚名"安用人间使鬼钱"白文青田石印章

清

长 2.8 厘米　宽 2.8 厘米　高 5.4 厘米

重 111 克

青田石。质地细腻坚硬，整体褐黄色相间。

随形钮，印面文字安排"三二二"式，"安用人"占一行，疑是六字印构章的一种视觉，前密后疏中规合度，刀法古拙而沉着，线条方劲练达，篆楷相间，有玉印味道。单刀行草边款："叔□□□草"。

"安用人间使鬼钱"出自北宋黄庭坚《次韵胡彦明同年羁旅京师寄李子飞三章》（其三）："畏人重禄难堪忍，阅世浮云易变迁。徐步当车饥当肉，锄头为枕草为毡。原无马上封侯骨，安用人间使鬼钱。不是朱门争底事，清溪白石可忘年。"

016

佚名 "从古" 白文象牙印章

清

长 2.4 厘米　宽 2.4 厘米　高 2.7 厘米

重 22 克

象牙。质地细密，奶黄色，表面蜡状光泽可见金色半
透明发丝样浅纹，包浆自然柔和。

蹲龙钮，方形，白文 "从古" 二字印横向排列，其线
条起讫处的刻画方角锐出，丝丝入扣，并采取多重并
列的长竖线构图匀满机巧，强化形式感。用阴刻汉篆
变体，圆笔使得此印带有一丝温情柔婉的气息。

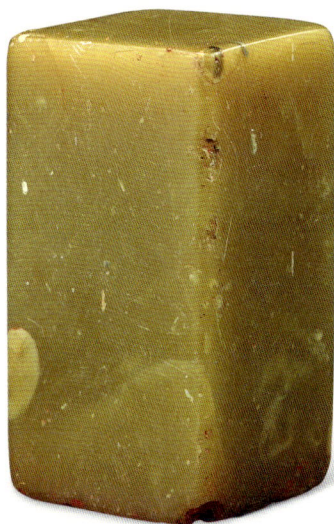

017

佚名"麓台"朱文青田石章

清
长 1.8 厘米 宽 1.8 厘米 高 3.3 厘米
重 29 克

青田石。质地温润细腻，半透明青黄色，肌理隐现白色斑纹。

印体为方柱状，印面为较规整的方形。阳纹汉隶篆体，章法比较均衡，笔道古拙，汉韵浓重；刀法老练，线条粗而有力，隶味较浓。大刀阔斧地击边。此为王原祁一枚名号印。

王原祁（1642～1715 年），字茂京，号麓台、石师道人，江苏太仓人。清代杰出画家，王时敏孙。康熙九年（1670 年）进士，官至户部侍郎，人称王司农。擅画山水，继承家法，学元四家，以黄公望为宗，与王时敏、王鉴、王翚并称"四王"，形成娄东画派，左右清代两百余年画坛，为正统派中坚人物。

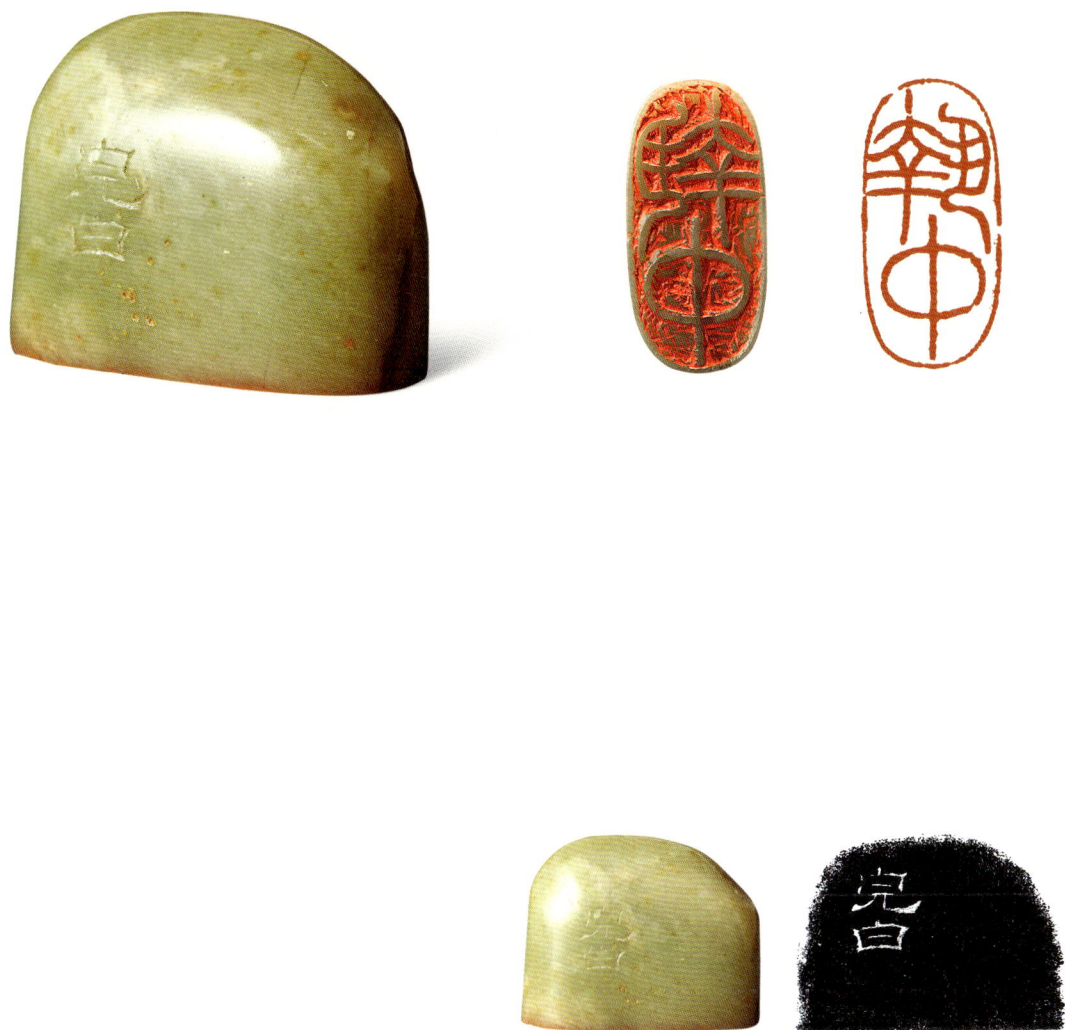

018

邓石如"执中"朱文青田石章

清
长 3.9 厘米　宽 1.9 厘米　高 2.9 厘米
重 41 克

青田冻石。质地细腻，温润剔透，色青白。
不规则椭圆形印石、平弧顶无钮，印面及印体为椭圆
形。二字为阳刻汉篆变体，章法规矩中讲究失重布章，
上密下疏，胆大超常规，修饰清新；刀法方圆中楷味
十足，气贯神通。边款阴刻隶书："完白"。

邓石如（1743~1805 年），字顽伯，号
完白山人、龙山樵长，安徽怀宁县人，
工书法篆刻，集篆书之大成，著有《完
白山人篆刻偶存》。邓石如将金石碑学
融入治印中，以圆劲取胜，绰约多姿，
开创了崭新手法的篆刻艺术，世称邓派，
晚清篆刻名家吴熙载、赵之谦、吴昌硕
等均受其影响。著有《完白山人篆刻偶
存》等。

019

张梓"飞鸿响远音"朱文寿山石印章

清

长 1.9 厘米 宽 1.2 厘米 高 2.8 厘米

重 15.4 克

寿山石。质地温润细腻，有腊质感，白地红斑，色纵横交错，间有青、白、灰色冻质花斑。

弧顶、印面及印体竖状长方形。五字二行自左向右竖读布章，为阳刻汉篆体，章法疏密结合有致，刀法老练畅快，一气贯通。边款阴刻行楷："幹廷作"。

语出唐代李体仁《飞鸿响远音》诗。

张梓，生卒年不详，活动于清乾隆年间，字幹庭，号瞻园，上海人。工诗古文辞，精通堪舆风水之学，兼通医术。隶书仿曹全碑，工谨而古致盎然。刻印宗沈学之，文秀娟润，继仿王梧林、归昌世诸家，洒然超绝。著有《印宗》。

020

佚名"一箦山樵"朱文寿山石印章

清

长 2.3 厘米 宽 2.3 厘米 高 4.4 厘米

重 36.6 克

寿山石。质地温润细腻，色青黄，可见褐色斑纹。
方形，青黄寿山兽钮，钮为蹲兽状，后足蜷曲，臀蹲
坐于地，前足撑地，侧首回望，鬃发纤毫毕现。汉篆，
上下留白疏朗，中部密集有致、红白相间对称相宜；
刀法和笔道方正雄厚，汉篆之气醇厚，古朴中见清馨。
双刀楷隶边款："□隐刊于金陵"。边款作者虽不明，
但据此印文"一箦山樵"可知是乾嘉年间陈球。

陈球（约1808年前后），字蕴斋，号一箦山樵，清乾隆、
嘉庆时期，浙江嘉兴人。诸生，工书画篆刻，金石气
韵浓郁，以鬻画自给，又工骈俪，喜传奇，著有《燕
山外史》。

021

铁痴 "慎独子" 白文寿山石印章

清

长 3.0 厘米 宽 1.7 厘米 高 5.8 厘米

重 71 克

寿山石。质地温润细腻，色青，肌理可见黄、白色斑纹，节理明显。

长方形，对角留红疏朗，边饰较宽，章法失重分布，灵活多变；刀法和笔道粗、细相间圆润中见方正，汉味浓厚，宽边规整稍加"破碎"，形成对比美感。单刀细线刻边款："蝌蚪早收东观上，几人相倚播清芬。铁痴作。"

语出元末明初临川危进《谢许炼师惠图书》："茅山许史旧诸孙，还向仙台卧白云。竹外画沙迷鹤迹，花间引水泛鹅群。苍崖翠刻金书字，丹井银床玉篆文。科斗早收东观上，几人相倚播清芬。"

陈雷（约 1825~1872 年后），清同光年间人，字震叔，一字古尊，号老菱，又号瘢道人，疣道人，斋堂为云居山馆、养自然斋，浙江钱塘（今杭州）人。工诗善书，精于治印，于两汉宋元、浙派、邓石如等多方取法，艺风规矩工稳，道劲秀美。存世有《养自然斋印存》《养自然斋诗集》。

022

陈雷"澹如"朱文寿山石印章

清

长 1.5 厘米 宽 1.5 厘米 高 4.4 厘米

重 27.7 克

寿山冻石。质地温润细腻、半透明，色青黄纯净。方形，"澹如"二字，汉印小篆风韵。布章疏朗明快；刀法和笔道细秀，随机老辣。边廓宽厚规整，与秀丽的印纹形成鲜明的对比。单刀重刻楷体边款："泉唐陈震叔作于朱氏藏云山馆，廋铁法正。邕生改刻。"

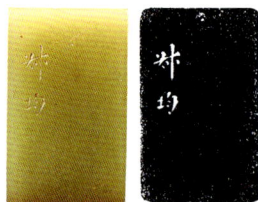

023

翁大年"鹓首"朱文青田石印章

清

长 1.7 厘米　宽 1.7 厘米　高 2.6 厘米

重 20.6 克

青田冻石。质地细腻均匀，色青白。

形如方形柱状石、直平顶无钮，印面及印体近乎正方
形。三字为阳刻大篆变体。章法偏重留白，比例失调
大胆老辣，右密下左疏，含有战国玺印之风，修饰清新；
刀法干净利落，气贯神通。边款阴刻行楷："叔均"。

翁大年（1811~1890 年），字叔均，号
陶斋，江苏吴江人。工书法篆刻，行楷
师从翁方纲，笃嗜金石考据，刻印取法
秦汉古玺印，结体工致妥帖，边款多作
小楷书。著有《古官印志》《陶斋金石
考》《陶斋印谱》《秦汉印型》等多种。

翁大年"萦春蚓绾秋蛇"朱文寿山石印章

清

长 1.8 厘米 宽 1.3 厘米 高 3.0 厘米

重 19.6 克

寿山冻石。质地细腻均匀，色青白微黄。

形如方形柱状、直弧顶无钮，印面及印体近乎长方形。

六字阳刻金文变体。章法四角留有方形空格，右密左疏不对称布章，清新可人；刀法苍劲有力金文风韵醇厚，气贯神通。边款阴刻行楷："翁大年"。

"萦春蚓绾秋蛇"语出《晋书·王羲之传》："（萧）子云近世擅名江表，然仅得成法，无丈夫气，行行若萦春蚓，字字如绾秋蛇。"用此有拟古自谦之意。

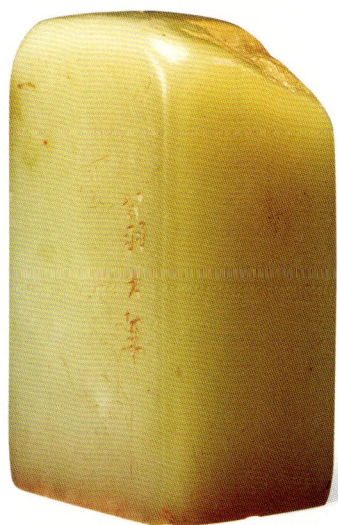

025

翁大年"空斋昼静闻登登"朱文寿山石印章

清

长 1.7 厘米 宽 1.7 厘米 高 2.6 厘米

重 20.6 克

寿山石。质地细腻，温润光洁，有白、红、黄三色融合一体，对比柔和，过渡自然。

形如方形柱状、直平顶无钮，印面及印体近乎方形。阳刻金文汉篆变体。边廓规矩，章法疏密有致，红白比例适中、均等；刀法干练，整体艺术效果强烈。边款阴刻楷书："空斋昼静闻登登，东坡句也，刻充寿卿先生文房，吴江翁大年。"据笔者考证，此"寿卿先生"应是晚清著名金石收藏家陈介祺（字寿卿）。故宫博物院藏清代杨澥、翁大年、王石经三家作品中都有为陈介祺所治印章。

陈介祺（1813～1884 年），字寿卿，号簠斋，山东潍坊人。著名金石学家与收藏鉴赏家，道光二十五年（1845 年）进士，工书法篆刻，举凡书画、铜器、玺印、石刻、陶器砖瓦、铜镜、造像无不专研，考证著录，尤善墨拓，影响百年来金石学术之研究。著有《簠斋传古别录》《簠斋金石文字考释印集》《簠斋吉金录》《簠斋藏古玉印谱》《十钟山房印举》等数种。

陈豫钟（1762~1806 年），字浚仪，号秋堂，浙江钱塘（今杭州）人。西泠八家之一。出生于金石世家，收藏书画、古砚甚富，画兰竹亦工。精于金石文字和古器物研究，尤擅墨拓。书法得李阳冰法，道劲挺拔。篆刻服膺丁敬，参以汉印，所作秀丽工致，有自家面貌，边款亦极佳。著有《古今画人传》《求是斋集》《明画姓氏均编》等。

陈豫钟"大泉居士"白文寿山石印章

清

长 1.5 厘米 宽 1.5 厘米 高 1.5 厘米

重 8.6 克

寿山冻石。质地温润细腻纯净，色青黄。

方形、古玺钮。粗犷白文四字："大泉居士。"布章均衡有致，刀法严谨，笔道力度棱角分明，汉印风韵犹存。边款单刀直入，刻"秋堂作"，手法娴熟。

陈鸿寿"蜗庐旧旁吴宫住，脂粉溪头春水香"白文青田石印章

清

长 2.5 厘米　宽 2.5 厘米　高 7.2 厘米

重 120.4 克

青田石。质地温润细腻，色青灰，间有黑、白色斑纹，肌理隐现红色、浅白色纹理，半透明。

方形、平方顶。印文十四字分四行，"蜗庐旧旁吴宫住脂粉溪头春水香"白文。边章大字紧凑，中部小字且疏朗，整体性强烈，气贯神通。刀法圆润秀美，行刀洒脱，汉韵遗风。细秀行楷边款"省庭作"；利落楷体边款："承斋二兄同年索刻，曼生。"

陈鸿寿（1768~1822 年），字子恭，号曼生，浙江钱塘（今杭州）人。嘉庆六年（1801 年）拔贡，官至淮安同知。诗文书画皆以资胜。酷嗜摩崖碑版，行楷有法度，隶古八分书尤简古超逸，脱尽恒蹊。篆刻继西泠四家，浙中人悉宗之。善制宜兴紫砂壶，人称其壶为"曼生壶。"著有《桑连理馆诗集》《种榆仙馆印谱》。

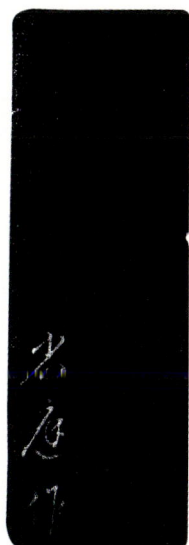

陈鸿寿"无乃太简"白文青田石印章

清

长 2.1 厘米　宽 2.0 厘米　高 3.5 厘米

重 39 克

青田石。质地温润细腻，通透晶莹，浅灰地，米灰色黑斑，石质极罕见。

方形、平弧顶。汉印风韵，"无乃太简"整体一气呵成。刀法有棱有角，其字体承隶启楷，苍劲有力。线条粗细轻重极富变化。阴文楷体边款："曼生"。

"无乃太简"语出《论语·雍也》："仲弓问子桑伯子。子曰：'可也，简'。仲弓曰：'居敬而行简，以临其民，不亦可乎？居简而行简，无乃大简乎？'子曰：'雍之言然'"。

陈鸿寿"寿宇逢辰"朱文寿山石印章

清

长 1.4 厘米 宽 1.4 厘米 高 3.7 厘米 18.7 克

寿山冻石。质地温润细腻，色青微白，色泽纯净，晶莹剔透。

方形、平顶弧边、无钮。棱角分明的魏篆朱文："寿宇逢辰"。四字布章等分均匀、笔画匀整，留白恰到好处。刀法和笔道有棱有角，字体谨严浑厚，苍劲有力，魏篆韵味十足。单刀阴文楷体边款："曼生"。

030

佚名"古舒姚伯昂号荐青嘉庆乙丑翰林乾
隆丙申年生"朱文寿山石印章

清
长 4.5 厘米 宽 4.4 厘米 高 3.7 厘米
重 166 克

寿山石。质地温润细腻，色米黄，肌理可见白色纹斑。
变体趴卧狮形辟邪钮。此印二十字，篆书朱文，作五
列四字平均安排，"古舒姚伯昂号荐青嘉庆乙丑翰林
乾隆丙申年生"。布白规矩，灵活多变，繁而不乱。
刀法柔中见刚，一气呵成。印边宽博端方，古厚质朴，
与细劲的印文形成对比。无边款。

姚元之（1773～1852 年），字伯昂，又号竹叶亭生，
晚号五不翁，安徽桐城人。嘉庆十年（1805 年）进士，
官左都御史，累迁左都御史、内阁学士，清嘉庆十六
画人之一，尤擅隶书，行草亦极精妙。这方印章常见
于姚元之鉴藏书画作品中，因此具有重要的艺术研究
价值。

杨澥 "绿天" 朱文象牙印章

清 道光十五年（1835年）
长 2.3 厘米 宽 2.3 厘米 高 4.2 厘米
重 40 克

象牙。质地光滑细腻，色米黄中透牙黄，可见自然裂纹和牙纹。

这方 "绿天" 朱文，宽边细纹，章法疏旷。印文线条极细，与周边的广阔空白形成大疏大密的强烈反差，显得特别淡雅静和。隶书边款："仙平鹤骨不受羁，素书懒诵聊支颐。俯汲清泠面扈屃，白云一握将谁贻。道光乙未冬聋石。"

杨澥（1781~1855年），原名海，字竹唐，号龙石，晚号野航，又号石公，江苏吴江人。精研金石考证，善治印，精刻竹、篆刻。早年学浙派，后专攻秦汉玺印，所作有自家面目。晚年以正书、隶书作边款，深得汉魏六朝碑刻遗意。有"江南第一名手"之誉。

杨澥"研山／海昌朱钰"朱白文寿山石对章

清 道光十六年（1836 年）

长 2.0 厘米 宽 2.0 厘米 高 3.0 厘米

重 32 克

寿山冻石。质地温润细腻，色青微白，光泽晶莹，其间隐现金色纹理。

二方规则方形章，覆斗钮，钮顶浮雕如意形勾连纹。一方 "研山"朱文，一印章法二字等分，字形屈曲填满，线条质朴苍劲，豪迈不羁。另一方"海昌朱钰"十字格中白文四字。取汉印章法，刀法和笔道有棱有角，方正刚直，苍劲有力。二印布白等分均匀、阴阳纹路平分秋色。单刀利落的阴文隶书边款："丙申嘉平篆，龙石"。"仿汉人法，研山仁兄属。杨澥。"

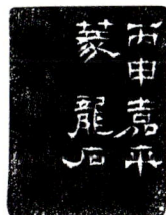

赵之琛"玉昆父 / 刘崐之章"朱白文寿山石对章

清 道光二十九年（1849 年）
长 2.4 厘米 宽 2.4 厘米 高 4.3 厘米
重 59.6 克

寿山冻石。质地温润细腻，色青黄，肌理隐现黑色斑纹及白色纹理。

方形，随形钮，"玉昆父"朱文大篆。留白疏密明朗，刀法和笔道圆润秀气。大篆余韵浓厚。单刀楷书边款字多且章法奇秀："己酉嘉平，次闲仿汉。"另一面商承祚题刻："刘崐字韫斋，又字玉昆，云南景东人，道光二十一年进士，同治初，湖南巡抚解组后，侨寓长沙。己酉为道光之廿九年。契斋记。"另一方汉篆"刘崐之章"白文，留红密而有致、红白相间均等规整；刀法和笔道方正有力，有汉隶之气，古朴醇厚。单刀楷书边款"次闲篆"，章法巧峻。

刘崐（1810～1887 年），字玉昆，号韫斋，云南景东人，道光二十一年（1841 年）进士。历官翰林院编修、内阁学士兼礼部侍郎，官至湖南巡抚，与曾国藩、郭嵩焘等交善，书学颜真卿，森张浑厚。著有《岳麓续志补编》《刘侍郎奏议》。

赵之琛（1781~1852 年），字次闲，号献父、献甫，斋号补罗迦室，浙江杭州人。嗜金石书画，尝为阮元《积古斋钟鼎彝器款识》摹写文字，兼工书画篆刻，隶楷尤精，西泠八家中最具代表性的人物之一，篆刻艺术娴熟老辣，深得浙派碎切刀法的古拙浑朴之美。著有《补罗迦室集钞》《补罗迦室印谱》。

赵之琛"少宰私印"白文昌化石印章

清

长 2.3 厘米 宽 2.3 厘米 高 4.2 厘米

重 57 克

昌化石。质地温润细腻，色青黄，一面可见黄白斑纹相间。方形，汉篆，留红疏密明朗，刀法和笔道方圆润细秀，粗细均衡。单刀楷书边款："法汉印不难形似而难神似，此印为松岑少宰仿汉，其何如以教之。次闲。"此印是赵之琛为清朝大臣花沙纳刻一枚私印。

花沙纳（1806～1859 年），乌米氏，字毓仲，号松岑，清蒙古正黄旗人。道光十二年（1832 年）进士，散馆授编修、翰林院学士，历官至福建巡抚、工部尚书、吏部尚书。花沙纳工诗文书画，善鼓筝，著有《出塞杂咏》《东使吟草》《韵雪斋小草》等诗文集。

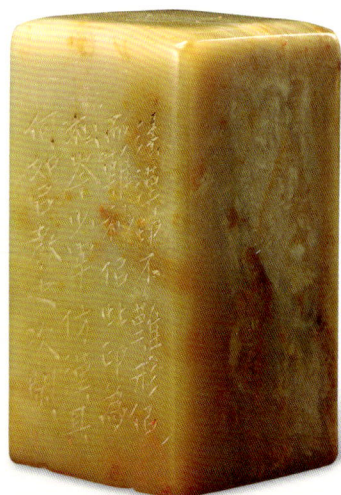

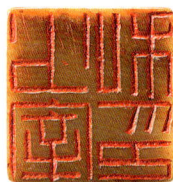

035

赵之琛"王沅之印"白文昌化鸡血石印章

清

长 2.7 厘米 宽 2.5 厘米 高 7.7 厘米

重 136.1 克

昌化鸡血石。质地细腻，不透明，地为深灰色滋润，血色纹饰分布自然灵动。

方形，汉篆，"王沅之印"白文，文字分布平和整饬，伸缩自然，留红疏密分档有致、红重白轻，巧妙有趣；刀法和笔道方正有力，有棱有角。单刀楷书边款："次闲仿汉铸印于退盦中"。

王沅（1809～1862年），字静溪（小厓），著名东阁大学士、军机大臣王鼎之子，清道光二十年（1840）进士，翰林院编修。

佚名"百炼此身成铁汉"白文楚石印章

清

长 3.0 厘米　宽 2.6 厘米　高 5.9 厘米

重 108.5 克

楚石。质地坚硬温润细腻，色泽墨黑纯净。

印章四面薄意浅雕人物山水，四面构成一个完整的人物山水画，布局典雅严谨，技法精湛。画由远、中、近三景组成。远处群山层叠，山下河川流水，双舟竞发；近处屋树相映，一人于桥边策杖而立，远眺双舟，似为友人送行。方寸间，将人带入空灵邈远的山水境中。

方形，薄意钮。布置力求简洁，刀笔方棱中直而刚劲顿挫，韵味醇厚。单刀行楷边款："丁巳九月次闲为伯元老友仿汉。"另有商承祚题刻楷书边款："伯元，阮元也，丁巳为嘉庆二年。契斋记。"

阮、赵两人交往颇多，阮元《积古斋钟鼎彝器款识》曾请赵之琛代笔摹写古器铭文。然据此刻印边款嘉庆二年即 1797 年，时赵之琛年方 16 岁，称"伯元老友"甚为可疑。可知此印边款当为伪款，印篆是否赵之琛所治尚存疑。

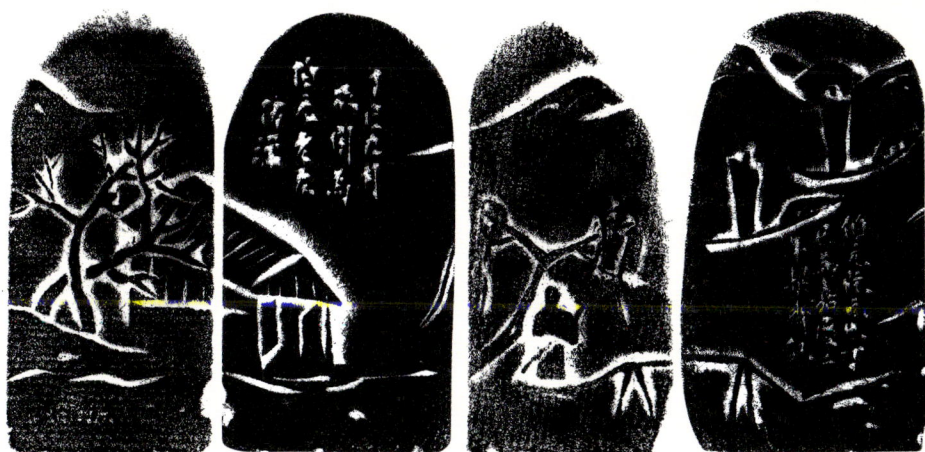

佚名"壬辰状元"朱文等端石四面印章

清

长 2.9 厘米 宽 2.9 厘米 高 2.9 厘米

重 61.5 克

端石。质地略粗，色青黑，不透明。

方形，四面章（印壁四面），朱、白、朱、白间隔：
①"壬辰状元"朱文章，留白均匀，刀法及笔道方中带圆，具有金篆韵味，击边碎中有致；②"刘福姚印"白文章，留红较少，白文占据主导地位，刀法和笔道方圆相宜，汉印之风浓重，四角微击边；③"佩蘅"朱文章，留白疏密区分明显，刀法笔道粗狂圆滑且方正；④"臣宝鋆印"白文章，红白相宜，但粗细分明有致，刀法笔道自然，一气贯通，汉印风韵浓烈。单刀细刻楷书边款："宝鋆。" 章宽边框，重击边显得沧桑古拙。

此印刻一进士、一状元名号与闲章，颇为珍贵。

宝鋆（1807～1891年），索绰络氏，字佩蘅，满洲镶白旗人，世居吉林。道光十八年（1838年）进士。咸丰时曾任内阁学士、礼部右侍郎、总管内务府大臣。同治时任军机大臣上行走，并充总理各国事务大臣、体仁阁大学士。光绪时晋为武英殿大学士。卒谥文靖。著有《文靖公遗集》等。

刘福姚（1864～? 年），字伯棠、伯崇，号忍庵、守勤。广西桂林人。清光绪十八年（1892年）状元及第，由翰林院修撰历任侍讲、翰林院秘书郎兼学部图书局总务总校等职。著有《忍庵词》。

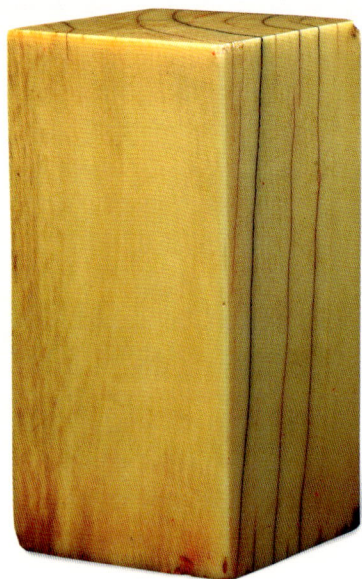

038

佚名"祁寯藻印"白文象牙印章

清

长 3.0 厘米　宽 3.0 厘米　高 6.0 厘米

重 96.6 克

象牙。质地光滑细腻，色米黄，表面可见金褐色牙纹，自然裂纹雅致。

方形，留白疏朗，白多红少，疏密有致，汉印风格；刀法和笔道方正雄浑，汉篆之味浓烈，古拙而苍劲。此为清朝著名书法家祁寯藻常用印。

祁寯藻（1793～1866 年），字颖叔、淳浦，号春圃、观斋，山西寿阳人。嘉庆十九年（1814 年）进士，官至体仁阁大学士，世称"三代帝师（道光、咸丰、同治）"，清代中晚期著名"宋诗派"诗人与帖学书法家。书法由小篆入真行，师承二王，出颜柳，参以山谷，深厚遒健，自成一格。著有《馤飐亭集》。

吴咨"曾向校读" 朱文寿山石印章

清 咸丰四年（1854年）
长 2.1 厘米 宽 2.1 厘米 高 4.7 厘米
重 43 克

醉芙蓉寿山石雕刻。质地温润细腻，有青、红两色相间，过渡自然。钮为蹲状回首狮形辟邪。

方形四字，留白疏朗，边框窄小且击边，隶书章法注重古朴，笔势方圆相融，拙中寓巧，线条端秀。单刀线刻边款："朗甫仁弟大史正缪。吴咨作于半园秋水轩，咸丰四年闰月。"

印主赵曾向（1821～1882年），字朗甫，又字心日，号啬庵，江苏武进（今常州）人。清代著名学者赵翼曾孙，民国学者赵元任祖父。咸丰二年（1852年）进士，散馆授翰林院编修，曾任浙江金华知府。专治性理之学，以宋儒为宗。著有《啬庵文集》《收养规目》《行素位斋公牍》等。

吴咨（1813~1858年），字圣俞，号哂予，江苏武进人。受业于李兆洛，工书善画，通六书，尤长刻印。花卉法恽寿平，篆刻宗邓石如。所刻印章得秦汉宋元之法，善变化，平中有奇，又不失稳健。著有《续三十五举》《适园印存》等。

钱松 "四会严氏根复所藏" 朱文寿山石印章

清 咸丰八年（1858 年）
长 4.2 厘米 宽 2.0 厘米 高 8.6 厘米
重 133 克

白芙蓉寿山石。质地温润细腻，色青白微黄，颜色较纯。椭圆形，浮雕云龙纹薄意钮。薄意云龙，其祥云袅绕，神龙隐现其间，盘云而上。篆文圆转敦厚，布局宽融。留白疏密匀称，边框窄小且圆；章法古拙，用大篆书体参合小篆书体风韵；刀法和笔道圆润均匀，整体感强烈。双刀阴刻隶书边款："根复癖书画，收藏极富，刻此用充清秘。戊午冬叔盖。"

可知作于咸丰八年（1858 年），严荄书画收藏甚富，此即其藏书画钤印。严荄（道咸年间人），字根复、甘亭，广东四会人，曾于同治甲子 (1864 年) 集拓刊印《钱叔盖、胡鼻山两家刻印》，此印谱由吴云、应宝时、蒋敦复、胡公寿有序跋，对篆刻艺术颇有影响。

钱松（1818~1860 年），字叔盖，号耐青，晚号西郭（郭一作郊）外史，浙江钱塘（今杭州）人。与胡震同时。善鼓琴、工篆、隶，精铁笔，藏古碑旧拓皆有题跋。画笔近江贯道，山水设色苍古有金石气，亦善梅竹，尝手摹江氏汉铜印丛，赵之琛叹为丁、黄后一人。晚与杨岘、僧六舟等结社南屏。

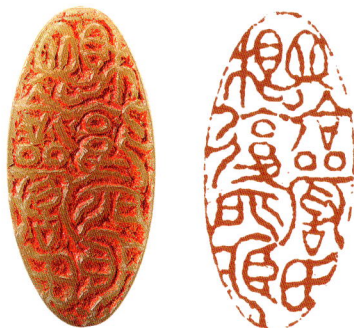

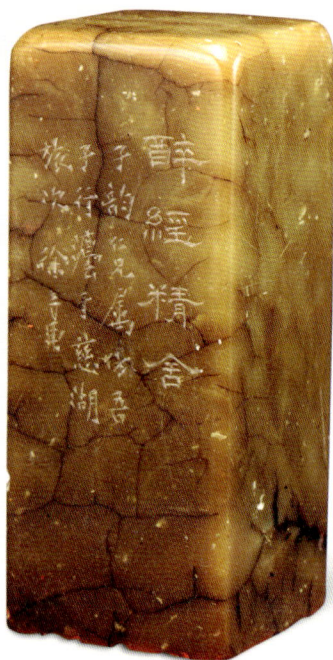

041

徐三庚"醉经精舍" 朱文寿山石印章

清

长 3.2 厘米 宽 3.2 厘米 高 7.5 厘米

重 210.8 克

寿山石。质地温润略粗,色青黄,通体满布深褐色线纹,如龟裂状。

方形,四字中加"十"字格,而外用隐约缺损细边框,突出"醉经精舍"朱文,留白疏朗清馨,整体章法布局精巧,篆书线条劲峭而爽健,笔意畅达;刀法利落柔美,气贯神通。单刀阴刻隶、楷书边款:"醉经精舍。子韵仁兄属,仿吾子行法于慈湖旅次,徐三庚。"

徐三庚(1826~1890年),字辛榖,号井罍,又号袖海,别号金罍道人、襃海等,浙江上虞人。精通金石学,善篆隶,于《天发神谶碑》研习深甚。篆刻初宗陈鸿寿、赵之琛,后参以汉篆、汉印结体,所作书体飘逸,自成一家,为时所尚。尝辑自刻印《似鱼室印谱》《金罍山民印存》,另有《金罍山民手刻印存》《金罍山人印存》等。

徐三庚"湘西贺瑗秘笈书画印"朱文寿山石印章

清

长 3.6 厘米 宽 3.6 厘米 高 4.7 厘米

重 163.8 克

寿山石。质地温润细腻，色青微黄，肌理隐现褐色斑纹及纹理。

方形，二竖格九字三列排布，留白疏密有致，格、框窄小局部击边；章法规整精致，小篆汉印风韵清醇；刀法圆润流畅，笔势开张飘逸，潇洒隽美。单刀阴刻楷书边款："粗朱文及细白文，钤之有损书画，为米老所呵。凡作收藏印，当仿秦人篆，斯不玷污名迹。丙寅寿平月上虞徐三庚识。""石舫"。此为清末大藏书家贺瑗一枚藏书印。

贺瑗，清末藏书家。字学邃，一号啸楼、仲肃，又号闇垒，湖南善化县（今长沙）人。藏书甚富，其藏书处为"啸楼。"藏书印有"善化贺瑗所藏书画印""湘西贺瑗所藏"等，现多散佚在海内外各图书馆。

043

徐三庚"贺氏汝定珍藏"朱文寿山石印章

清 同治七年（1868年）
长 2.6 厘米 宽 2.6 厘米 高 7.1 厘米
重 132.1 克

寿山石。质地温润细腻，色青微黄，肌理隐现乳白色
斑纹。

规整方形，二竖一横格六字三列排布，"贺氏汝定珍
藏"朱文印。以小篆结体，笔势舒展飘逸，留白疏密
均匀有致，格、框规整多内击边；刀法圆润流畅，线
条提按顿挫稳健舒展，完美体现了书法笔墨的情趣。

单刀阴刻隶书边款："绍遽仁兄属刻收藏印，戊辰寒
仲上虞徐三庚辛穀。""开第"。

贺汝定（字绍遽）即贺瑗胞弟，此印即徐三庚同治七
年（1868年）冬于慈湖为其所作。时贺瑗任慈湖知县，
贺汝定正往探亲，故有此因缘。

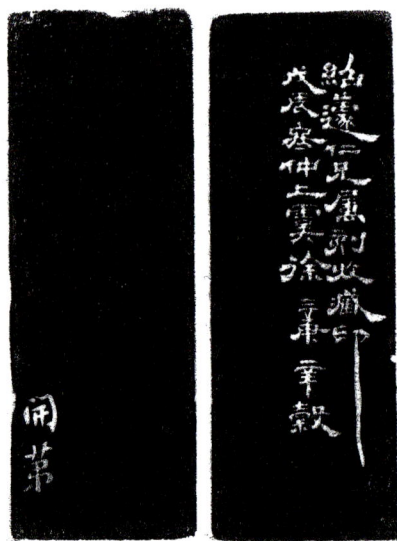

徐三庚"双桐书屋"白文青田石印章

清 同治六年（1867 年）
长 3.2 厘米 宽 3.2 厘米 高 4.4 厘米
重 124 克

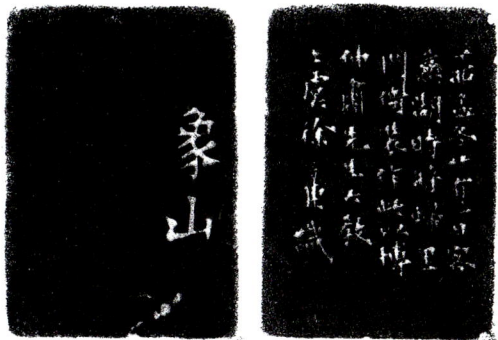

青田石。质地温润细腻，色青，肌理隐现乳白色斑纹。方形，以小篆入白文印，"双桐书屋"平实端庄，章法规整精致，线条雄健浑厚。汉印风韵醇厚；刀法圆润流畅，一气贯之。单刀阴刻楷书边款："丁卯孟冬廿有一日客慈湖，时将归里门，倚装作此，以博仲肃先生大教。上虞徐三庚识。"另侧有旧款："象山"。"仲肃先生"即贺瑗，"双桐书屋"是其斋名，可知这也是同治六年（1867 年）为贺瑗所刻的藏书印。

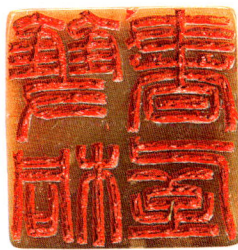

045

徐三庚"昇运／绍农"白朱文青田石印两面章

清

长 1.4 厘米 宽 1.4 厘米 高 4.6 厘米

重 24.3 克

青田石。质地温润细腻，色青，肌理隐现乳白色斑纹。方形，上下两面雕刻。白文章红多白少，章法随意中见规矩，硬朗中见飘逸，汉印中见隶法之风；刀法流畅，一气贯通。朱文章留白疏朗，刀法笔道圆拙古朴。单刀阴刻楷书边款："辛毅作，两面印。"

此印乃徐三庚为湖南善化贺昇运所治。贺昇运即贺瑗胞弟，号绍农，同治十一年曾随左宗棠西征，署宁朔县知县；光绪五年补授灵台县知县。此印刻于同治五年（1866 年）至同治七年（1868 年）间，时贺瑗任慈湖知县，与徐三庚多有往来。

徐三庚"树君" 朱文寿山石印章

清

长 1.6 厘米　宽 0.9 厘米　高 4.4 厘米

重 14.8 克

寿山石。质地温润细腻，色青微白，半透明，肌理隐现浅白色斑纹。

长方形，浅雕老桩梅花纹薄意钮。此印以小篆结体，垂笔舒展飘逸，婀娜多姿，完全以书入印，上下二字组合具有疏密交替的韵律变化之美。单刀粗刻魏书边款："褱海仿宋人法。""褱海"为徐三庚别号。

047

徐三庚"曰濂印信 / 姚江邵氏"白朱文寿山石印对章

清 同治十年（1871 年）

长 3.8 厘米 宽 3.8 厘米 高 6.0 厘米

重 159.3 克 / 重 160.4 克

白芙蓉寿山石。质地温润细腻，色青微白，肌理隐现浅、深色斑纹。钮为太狮少狮形。

二方规则方形章"曰濂印信""姚江邵氏"一朱一白文。留白疏密有致，上密下疏失重感较强；章法飘逸洒脱，汉印之味浓烈；刀法笔道圆润舒展。单刀粗刻楷书边款："拟皇象书，稍变其体势，子长仁兄鉴之。徐三庚记于沪垒。辛未立冬。""仿水晶宫道人，参以邓石如法，金罍。"

此为清末大臣邵曰濂一对私印十分难得。邵曰濂（1854～1929 年），字子长，号莲伯，邵灿子，浙江余姚人。同治七年（1868 年）进士，授翰林院庶吉士，历官江南道监察御史、内阁侍读学士、太常寺少卿、弥封大臣等职。其弟邵友濂曾任俄罗斯钦差大臣、湖南巡抚、台湾巡抚。

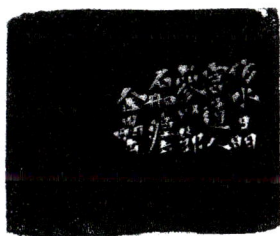 

048

佚名"寡过未能"朱文青田石印章

清

长 2.7 厘米 宽 1.6 厘米 高 4.0 厘米

重 23.3 克

青田冻石。质地坚密细致、温润、红褐色、半透明，
蜡质感强，肌理隐现深色纹理。

椭圆形，狮钮。章法结构紧密。字法圆转端庄，稳健
而洗练。整方印粗线集中在中心附近，字形向中心收
紧，整体上给人以稳定、平静的感觉。留白上下疏中
间密；刀法、笔道秀气大方，小篆汉印风韵交融。

结合印章的篆刻风格，以及同为商承祚先生一批收藏，
推测此印也是徐三庚为贺瑗所刻。

佚名"嘉禾征瑞"朱文寿山石印章

清

长 1.9 厘米 宽 1.9 厘米 高 2.6 厘米

重 25.3 克

寿山石。质地温润细腻，色青微黄，肌理隐现浅褐色斑纹杂糅其间。

方形，篆书。布章有巧思，中间留白较密，边廓较宽；刀笔相融，粗放张扬。无边款。据考证，此印也是徐三庚为贺瑗所刻。

据光绪《慈溪县志》卷二十三贺瑗传中载："同治七年，西南乡产嘉禾一本三穗，人以为政通人和之应，邑人竞为诗文以专事。"这方"嘉禾征瑞"朱文印很可能是徐三庚为贺瑗所嘱，因此事而刻，时间大概在同治七年（1868）稍晚。（参见乔文杰《深圳博物馆藏徐三庚篆刻精品赏析》，《文物天地》2018 年第 12 期第 26~29 页）

何昆玉 "高要冯氏藏书" 朱文寿山石印章

清 咸丰十一年（1861年）
长 3.7 厘米 宽 1.1 厘米 高 5.7 厘米
重 49.5 克

寿山石。质地温润细腻，色青黄，半透明，肌理隐现浅白色斑纹及红色斑点纹理。

竖向长方形，小篆风韵。章法布局用心多变，留白均匀，刀法犀利，笔道方圆。边款："辛酉九秋，仿小篆朱文，为铁华三先生大人清赏。伯瑜何昆玉。"

何昆玉（1828~1895年），字伯瑜，广东肇庆人。清代篆刻家，篆刻师法秦汉，宗浙派，所作谨严浑厚，时出新意。尤善摹拓彝器，与吴中李锦鸿并称。著有《乐石斋印谱》《吉金斋古铜印谱》《蕅斋藏古玉印》与何瑗玉辑《汉印精华》。另有辑自刻印成《百举斋印谱》。

051

吴昌硕 "用锡眉寿" 朱文寿山石印章

清 光绪十年（1884 年）

长 3.8 厘米 宽 2.0 厘米 高 7.1 厘米

重 110 克

寿山石。质地温润细腻，有青、红、白三色相间，红色纹理若游丝。

椭圆形，瑞果纹薄意钮，此石吴昌硕用大篆朱文作印，尤见神采。实处存古厚，虚处透空明。边栏处理极具玩味，若断若连，与文字构成完美的搭配，获得一种散淡疏阔之美。刀法、笔道圆润活泼。单独阴刻隶楷边款："用锡眉寿。甲申长夏仿鼎文。吴俊卿。"

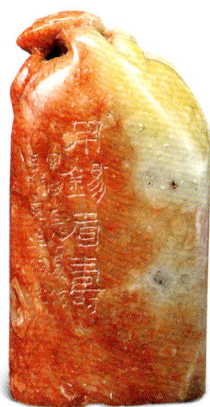

吴昌硕（1844~1927），字俊卿，号仓石、苦铁、缶道人等多种，浙江安吉人。诗书画印兼擅，书以石鼓文独擅胜场，画则花卉开金石大写意之风，篆刻集浙皖诸家与秦汉之大成，参以石鼓文、秦汉玺印、封泥、汉篆、砖瓦等金石文字，独创"钝刀出锋法"，以高古朴茂之美开晚清印学新风，1913 年被推为西泠印社首任社长。著有《缶庐诗》《缶庐印存》《缶庐近墨》等多种。

052

黄士陵 "华父 / 蒋廼勋" 朱白文青田石对章

清 光绪八年（1882 年）
长 1.5 厘米 宽 1.5 厘米 高 3.3 厘米
重 19.5 克

青田石。质地温润细腻，色青黄，肌理隐现浅白色斑纹。
一对规则方形，浮雕兽首钮，"华父"朱文小篆遗风，此
印极尽金文，章法结构奇特，"华"狐笔飞动，"父"字
采用金文中特有的圆弧曲笔，有装饰之美感，右密左疏、
空灵透气。边廓较宽且击边有致；刀法、笔道圆润流畅。
单刀阴刻楷体边款："华翁私用，穆甫时同厲穗垣。""蒋
廼勋"白文，此印密中有疏，三字篆刻苍浑磅礴，刀法雄峻，
布章、留红浓重；刀法、笔道粗狂贯通。单刀阴刻楷体边款：
"壬午十月牧父作"。

蒋乃勋（生卒年不详），字华甫、华父，室名鲲游别馆，
光绪进士。晚清书法家，黄牧甫曾多次为其治印，此即其
中一对。

黄士陵（1849~1908 年），字牧甫，一
作穆甫，号倦叟、黟山人，安徽黟县人。
篆刻初学吴熙载，后取法汉印，参以商
周铜器文字，运刀挺拔，于皖浙两派外
另辟蹊径，自成一家，人称"黟山派"
或曰"岭南派"，于岭南地区篆刻影响
尤为深远。署款以北魏书体，爽朗豪放，
首创以单刀冲刀刻魏体书之法。著有《黄
牧甫印存》《双清阁铁书经眼录》《从
翠堂藏印》等。

黄士陵"介盦"朱文寿山石印章

清 光绪二十五年（1899年）

长 3.0 厘米 宽 2.2 厘米 高 4.4 厘米

重 50.5 克

醉芙蓉寿山石。钮雕刻蹲状回首狮形辟邪。石质微透明，温润细腻，底色白、黄两色相间，肌理中带细密的红点。

长方形，狮钮。此印与上枚"华父"章法结构老练，"介"字以曲线为主，"盦"字雄健浑厚，一动一静，容于一印之内，相和相谐。布章、留白上疏下密，边廓宽圆且击边；刀笔粗犷方正。单刀阴刻行楷边款："士陵蒙为介盦翰林，己亥二月。"

欧家廉（1869～1925年），字介持，号介盦，广东顺德人。清光绪二十年（1894年）进士，历官翰林院编修、湖南道监察御史。1922年任续修《顺德县志》总纂。工书法。欧氏曾任翰林院编修，故黄士陵题刻云"介盦翰林"。

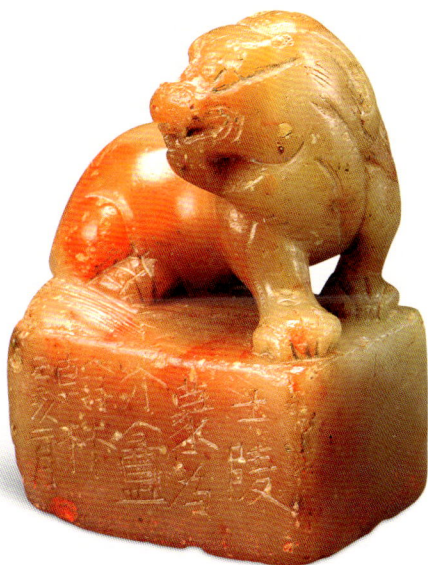

054

叶期"逸庄至宝玉鸳鸯"白文青田石印章

清 宣统三年（1911 年）
长 3.9 厘米 宽 3.9 厘米 高 8.5 厘米
重 351 克

青田石。质地温润细腻，色驳杂不纯，以青为主，肌理内含黄、白色斑点及纹理。

方形，篆楷变体、汉印风韵犹存。布章疏密相间均等，然整体气韵贯通；刀法方正、棱角分明、舒展自然，笔画方正有力。边廓修圆规整，保存原有的古朴风格。

三面单刀隶楷边款："逸庄都转家藏汉玉鸳鸯，宝爱莫名，然质之温，琢之巧，洵希世珍也，且与淑配——孔夫人凤敦伉俪，因将颜室以寄意焉。潘君兰叟为之铭曰：良玉喻德，文鸳结缘。嘉耦曰妃，艳福惟仙。苕叶自璞，文采相鲜。此物比志，千秋万年。余制印贻之，以志健羡云尔，辛亥春二月，弟叶期。"侧边下方有商承祚刻"契斋藏。"据此可知此印乃叶期为友人伍德彝所治。"潘君兰叟"即晚清民国广东著名学者潘飞声。

伍德彝（1864～1928 年），字兴仁、懿庄、逸庄，号乙公、叙伦，广东番禺人。广州十三行富商，书法、篆刻、诗词皆精，精鉴别，富收藏。伍德彝因家藏汉玉鸳鸯，故又别号"汉玉鸳鸯室主"，友人潘飞声为之作铭文。

潘飞声（1858～1934 年），字兰史，号剑士，又号独立山人，广东番禺人。近代著名诗人与书画家，师从乡贤叶衍兰，才气纵横，南社重要社员，主要活动于港澳与淞沪两地，与印人往来亦多。曾任德国柏林大学文学教授。著有《天外归槎录》《说剑堂集》等多种。

叶期，活动于清光绪年间，字退庵、退厂，以字行，广东南海（今广州）人。工八分书，篆刻专攻浙派，酷似徐三庚，冷峭隽永，边款亦孤逸疏宕，独树一帜，篆刻神韵为粤人私淑西泠者之杰出人物。著有《广印人传补遗》。

055

苏展骥 "樵野 / 张荫桓印" 朱白文寿山石对章

清 光绪二十年（1894 年）
长 3.9 厘米 宽 3.9 厘米 高 9.1 厘米
重 394.5 克

寿山冻石。质地温润细腻、半透明，色青黄，肌理隐现棉絮纹。一对正方形章，"樵野"朱文，小篆风韵，刀法和笔道圆润秀美。宽窄适宜的边廓上可见细致、刻意地击边所形成的篆刻艺术效果。单刀细刻行楷边款："光绪甲午端阳夜，窗灯始华，井天如墨，霖雨乍倾，茶烟甫歇，刻罢善刀，漏四下矣，不俯刻并记。"一方"张荫桓印"白文，章法结构平正，刀法和笔道屈伸、变化圆润秀美。单刀细刻行楷边款："汉印浑厚和平，神闲体雅，殊难规仿。端阳对雨拟此，恐三年优孟末肖叔敖耳。顺德苏展骥并志。"

张荫桓 (1837 ～ 1900 年)，字皓峦，字樵野，广东南海县佛山镇 (今佛山市) 人。初以薄尉起家，官至户部侍郎，维新变法重要政治人物。中岁力学，颇负文誉。山水超逸，喜收藏，所藏王翚画尤富，因以白石名斋。著有《铁画楼诗钞》《荷戈集》《三洲日记》。此对章是重要历史人物自用章，实属难得。

苏展骥（？ ~1899 年），活动于清光绪年间。字梓敬，号笔虎，又号不俯翁。斋号文印楼。擅长书法，楷行均厚健，尤癖于八分。于篆刻之学，致力独勤，搜罗排比，曾手自粘贴《文印楼印存》四册。

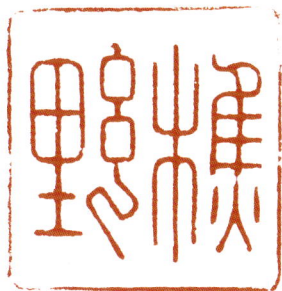

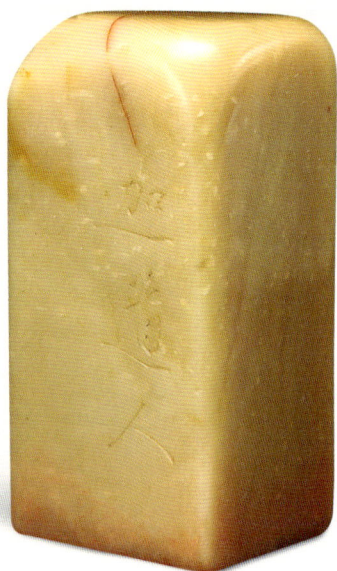

056

迦道人 "吟到梅花馆主人" 白文寿山石印章

清

长 2.4 厘米 宽 1.9 厘米 高 4.6 厘米

重 49 克

寿山石。石质细腻，温润如玉，色青白，肌理隐含白色斑点。

竖形长方章。布章均等，传统中流露出新颖之气；刀法、笔道方正有力，行运老练。单刀阴刻行楷边款："迦道人"。据笔者查考，吟梅花馆主人或即李铨。而"迦道人"可能为陈摩，号迦盦。

郭慎行"孝劼启事"朱文青田石印章

清

长 3.0 厘米　宽 1.9 厘米　高 4.5 厘米

重 44.8 克

郭慎行，字幼安，又字星渔，莆田名门大理寺卿郭尚先之孙，清代书法家、篆刻家，名列林乾良之《福建印人传》，曾任福州高等学堂教习。著有《爱吾鼎斋印存》《醉石山房印集》等传世。

青田石。质地温润细腻，深褐色。

长方形，变体狮形瑞兽钮。布章、字体平均等分、疏密有致，一气呵成；刀法、笔道方正有力、行刀老辣，边框窄小烘托主体印纹。用力度强烈的单刀阴刻边款"用汉铸铜法为孝劼大公祖作此印，于意颇惬。慎行并记。"

郭慎行《醉石山房印集》中收有"孝劼鉴藏金文。"孝劼即马佳宝康，字孝劼，曾在福建为官，官至知府，酷嗜经籍，清末藏书家，藏书印有"宝孝劼藏宋元经籍""孝劼所藏书画金石""长白马佳宝康审定宋元旧籍并元明人旧抄旧校之记"等。清代俗称知府，有大公祖或老公祖，正合马佳宝康曾有知府官衔。两人均在福建为官，或有交集。

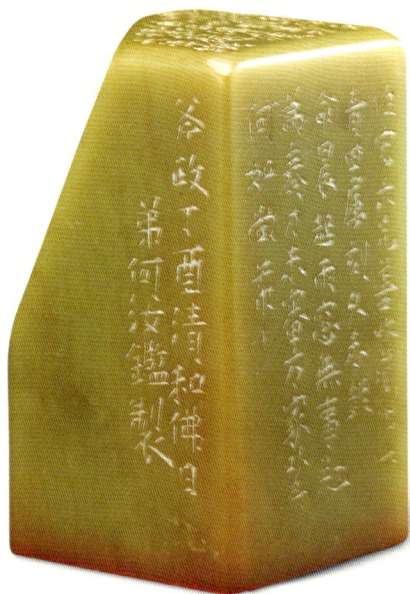

058

何汝鉴"希世名迹得者宝之"朱文青田石印章

清 光绪二十三年（1897年）

长 2.5 厘米 宽 2.5 厘米 高 4.4 厘米

重 76.8 克

青田石。质地温润细腻，色青黄，肌理隐含若干白色斑纹，隐现深色纹理。

方形，缪篆变体。布章密集有致、疏朗明快；刀法刚健有力，汉篆魏韵相得益彰。外廓细秀规整，内廓击边达到特殊的艺术效果。三面单刀楷休边款："伯宏六兄善收藏，出此青田属刻。久未报命，晨起雨窗无事，勉为奏刀，未审方家以为何如，尚希斧政。丁酉清和佛日，弟何汝鉴制。"又刻顶款："参汉铜洗文，用小松司马刀法，似得瘦硬之趣，大年识。"

可知此印为晚清蔡伯宏所用鉴藏印。又黄士陵亦为蔡伯宏治印多方，其一曰："蔡伯宏于光绪柔兆困敦之岁长春节后五日生。"钱君匋《丛萃堂藏牧甫印存》中存多方。

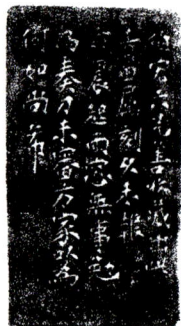

王仁治（1871~1932 年后），字潜楼，
一字潜孙，号冷公，浙江杭州人。清光
绪间（1875—1908 年）优贡生，善山水，
学王翚简略一派。设西泠书画社于杭城。

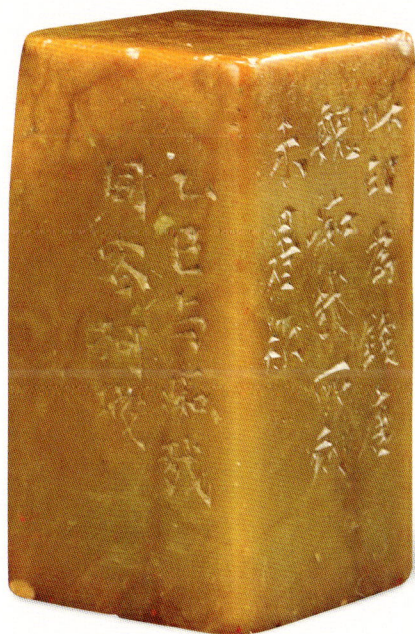

魏痴哉"钱塘王仁治书画印"白文青田石印章

清 光绪三十一年（1905 年）
长 2.7 厘米 宽 2.7 厘米 高 4.9 厘米
重 96.7 克

青田石。质地温润细腻，色蜡黄，肌理隐含浅色、深
色斑纹及纹理。

方形，汉印变体，风韵醇厚。布章疏密有致，整体性强，
刀法方正老辣。外廓规整中见击边，内部留红恰到好
处。二面单刀魏楷变体边款："此印为钱塘魏痴哉所
刻，未署款。乙巳与痴哉同客柯城。"

060

五鼎 "长乐" 朱文寿山石印章

清 道光十四年（1834 年）

长 3.0 厘米 宽 1.4 厘米 高 4.5 厘米

重 26.8 克

寿山石。质地温润细腻，色青黄，微透明，肌理隐现白色冻质。

随意椭圆形，随形钮。汉印、小篆风韵。布章疏密相间、中部紧凑，外围疏朗，整体感较强；刀法和笔道圆润流畅，含有隶书韵味。细秀的外廓上多击边与粗壮有力的篆体相呼应。单刀重刻行楷边款："甲午夏，五鼎自作。"

朝川善庵（1781~1849 年），日本江户时代后期儒者。名鼎，字五鼎，服部南郭高足片山兼山第三子。十二岁入山本北山门，详于经义。著有《郑将军成功传》《善庵随笔》《乐我室遗稿》等。

061

子周"人渚徒径"朱文青田石印章

清
长 2.3 厘米　宽 2.3 厘米　高 5.2 厘米
重 75.6 克

青田石。地温润细腻，色青，肌理隐现白色斑纹。方形，小篆、汉印结合。布章规整疏朗，明快秀丽；刀法和笔道方正圆秀。边廓外不规则的击边，营造出独具风格的篆韵天地。三面线刻行楷边款："近有刻名号章，偶用反切字以代之者，诚创见也。余名曰汝定，《正韵》：汝，人诸切；定，徒径切。亦因其意，倩从弟子周奏刀，明知奇谬，以存一格。子闰志。"

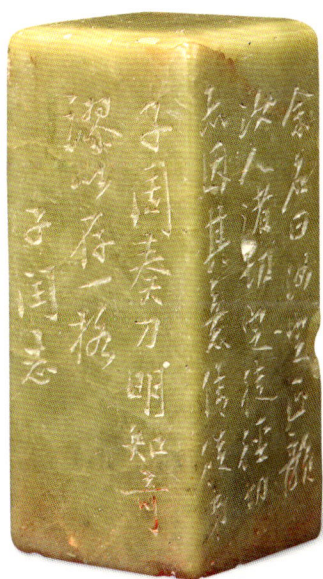

柯有臻 "佛桑花下小回廊" 白文寿山石印章

清 咸丰八年（1858 年）
长 3.1 厘米 宽 3.0 厘米 高 3.7 厘米
重 78.2 克

白芙蓉寿山石。质地温润，光洁细腻，色青白。
方形，瑞兽辟邪钮。篆楷风韵，布章、字体均衡，疏密
分档有致，整体感强烈；刀法、笔道方正有力、棱角分
明，风格独树，行刀苍劲有力，边框小而规整。单刀阴
刻双面边款："佛桑花下小回廊。王渔洋句，戊午小春，
云迁。""仿丁隐君作成此印，似得其古朴筋力神气，
未审椒坪道兄以为何如。臻又识。"
"椒坪道兄"指晚清杨永衍（1818～1903 年），字椒
坪，别署添茅老人、鹤洲草堂，广东番禺人，晚清广东
文坛重要人物，与潘飞声、居巢、居廉等岭南文人交善，
诗词书画兼善胜场，著有《添茅小屋诗草》六卷。

柯有臻，字云虚，自号里木山人、云虚
散人、别号迁道人，广东南海人。画山
水、花卉、人物，各体皆工，尤善摹古。
曾主持南海伍氏粤雅堂多年。精篆刻，
以浙派为宗，兼习汉印。著有《里木山
房印存》。

063

佚名"文章有用皇天无私"白文寿山石印章

清

长 2.9 厘米　宽 2.9 厘米　高 6.1 厘米

重 116 克

寿山石。质地圆润细腻，红褐色。

薄意钮。钮上浮雕折枝梅花，含苞待放，生趣盎然。印
体为不规则方柱状，印面为方形。八字五行竖式布章，
变体金文阴刻，中部为顺读，四角为直读："文章有用
皇天无私"。章法规矩，留白均衡，刀法圆润流畅，秀
美弯曲尖尾。

佚名"永啸长吟颐性养寿"朱文寿山石印章

清

长 3.4 厘米 宽 3.1 厘米 高 7.1 厘米

重 137 克

寿山冻石。红褐色，冻石色正质匀，极富玉质感。单狮戏绣球钮。方形印面上阳刻金文汉篆变体印纹，"永啸长吟颐性养寿"章法灵活巧妙，疏密相间；刀法娴熟老辣，一气呵成，印材、文体相得益彰。

佚名"家在临江绿野居"朱文楚石印章

清

长 4.5 厘米　宽 1.8 厘米　高 4.7 厘米

重 77.9 克

楚石。质地坚硬，色墨黑，温润细腻，肌理密布细砂点。薄意钮。印面为长方形。阳刻汉篆体，"家在临江绿野居"章法对称规正，留白疏密均衡；刀法即笔道方中带圆，秀美弯曲流畅。

066

佚名"心地光明"朱文寿山石印章

清

长 2.6 厘米　宽 1.4 厘米　高 4.2 厘米

重 30 克

冻石。质地温润细腻，色泽均匀，呈褐黄色。
兽钮长方章，钮兽臀翘起，前肢伏地，兽首前倾，似
匍匐前行，鬃毛纤毫毕现。印面为长方形。阳刻汉篆
体，"心地光明"章法传统又有新意，刀法粗细结合
略显古拙。

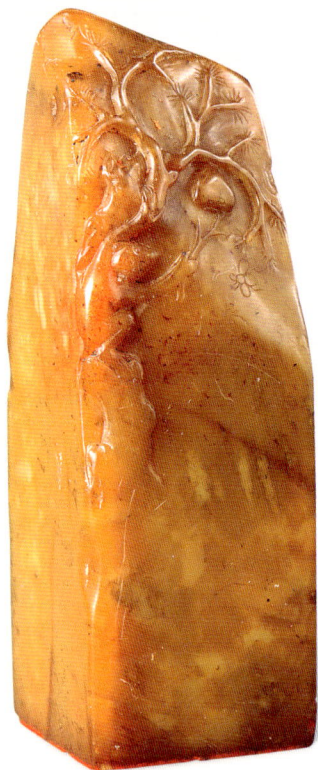

067

佚名"昌颉丙辰年后所得" 朱文寿山石印章

清

长 2.5 厘米 宽 2.5 厘米 高 7.3 厘米

重 96.8 克

寿山石。质地温润细腻,色青泛黄,微透明,肌理隐现褐色、
萝卜纹。

薄意钮,浅雕一猴儿攀于树上,一手握断枝,向前伸出
摘桃。猴儿惟妙惟肖,摘桃动作显得俏皮可爱,寓意"马
上封侯。"方形,中间阳线分格,留白疏朗,红少白多,
章法清新;刀法和笔道细秀圆润而古拙,汉隶楷风相间,
意韵悠长,字的线条略为增粗,与外框细边产生反差,
使文字更加醒目。诚然,方印之凝结淡和,趣味无穷。

佚名"起居适饮食节寒暑时则身利而寿命益"白文寿山石印章

清

长 3.3 厘米 宽 1.7 厘米 高 4.8 厘米

重 55.9 克

寿山石。质地略粗，黑褐色，肌理色泽驳杂不纯，隐现黄、白色斑纹。

长方形，十六字二行，"起居适饮食节寒暑时则身利而寿命益"白文，中道留红疏朗，边饰留红细少，章法规矩等分；刀法和笔道细秀圆润而古拙，汉隶余味悠长，窄边"破碎"恰到好处，极富美感。

语出《管子·形势解》："起居时，饮食节，寒暑适，则身利而寿命益。"印文略有改动。

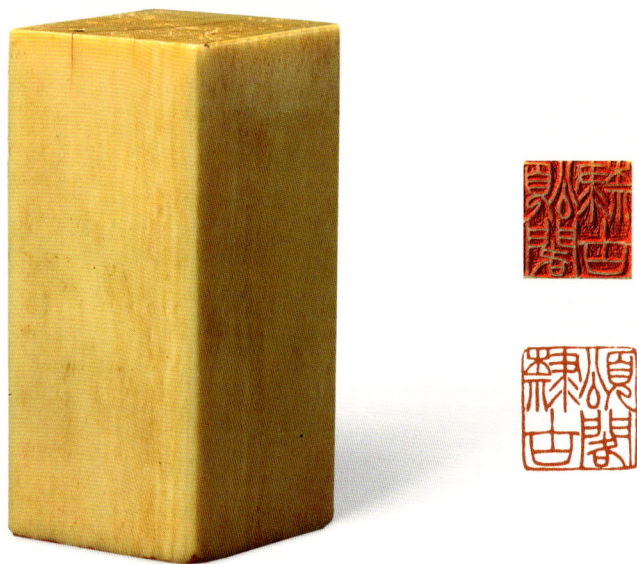

069

佚名"颂阁隶古"朱文象牙印章

清

长 1.7 厘米　宽 1.7 厘米　高 3.5 厘米

重 18.4 克

象牙。质地光滑细腻，色米黄，表面可见褐色纹理若干，纹理清楚。

方形，小篆韵味浓厚。章法规整传统，留白均等对称；刀法和笔道圆润细秀，线条有起伏斑驳的苍劲感。整体具有刚柔相济、朱白跳动的鲜灵感。

此印"颂阁隶古"为晚清重臣徐郙自用章之一。徐郙（1836～1907 年），字寿蘅，号颂阁，江苏嘉定（今上海嘉定）人。同治元年（1862 年）状元，先后授翰林院修撰、礼部尚书等职，拜协办大学士，世称徐相国。工诗文，精于书法，擅画山水。

何瑛，字昆山，广东香山（今中山）人，约生于清嘉庆末期，至同治末逝世。嗜古金石文字，喜收集历朝印谱、六书简册。喜篆，治印师从李阳，喜摹仿所藏印，于汉印致力最勤。清同治元年（1862年）辑自刻印成《百美名印谱》，同治三年（1864年）辑自刻印成《月令七十二候印谱》一卷。

何瑛"字如老瘠竹"白文寿山石印章

清咸丰九年（1859年）
长 2.4 厘米　宽 2.3 厘米　高 5.5 厘米
重 62.1 克

醉芙蓉寿山石。质地细腻，温润灵透，色以红为主，红、白色斑纹相间其中，对比柔和、自然。

折枝寿桃纹薄意钮。留红疏密有致，边框窄小圆角；章法整体感浓烈，汉篆风韵醇厚；刀法利落有力，一气贯通。单刀阴刻隶楷书边款："意在钝丁、小松之间。己未暮春。昆山作。"

071

立伯 "秀野园灌夫" 白文墨玉石印章

清

长 3.1 厘米 宽 3 厘米 高 2.2 厘米

重 45 克

墨玉。质地坚硬温润，色墨黑，肌理隐现白色纹理。仿汉印形制、鼻钮，印面及印体竖状长方形。阴刻汉篆体，章法红白相对均衡，布局清新规整；汉风意韵；刀法方中有圆，粗细均等，干净利落，一气呵成。边款阴刻行楷："立伯"。

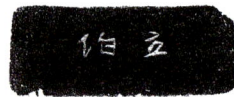

佚名"山阴裘氏"朱文寿山石印章

清

长 2.3 厘米　宽 2.3 厘米　高 3.4 厘米

重 49 克

寿山石。石质微透明，温润细腻，底色白、黄两色相间，肌理隐现浅黄色棉絮纹。

正方形，汉印与魏体有机结合。按对角呼应布篆，留红疏朗有致，边廓较宽且局部击边；刀法、笔道方正雄强、朴拙、自然天成。

073

佚名"关氏生"朱文田黄石印章

清

长 2.2 厘米　宽 1.2 厘米　高 3.4 厘米

重 12.5 克

田黄石。质地温润细腻，色黄，色泽纯净、微透明。瑞兽印纽。椭圆外形，朱文，上下排叠均匀的结构、雄健浑厚的线条，章法传统严谨，四边留白疏朗大气；刀法、笔道方圆、紧凑有致，运刀娴熟。边廓圆润稍击边。

074

佚名"海山仙馆祕笈图书"朱文象牙印章

清

长 1.7 厘米 宽 2.8 厘米 高 3.0 厘米

重 24.2 克

象牙。质地光滑细腻，色米黄，色泽纯净，纹理清楚。
竖向长方形，小篆魏碑风韵。布章讲究，留白中密疏
有致，边廓窄小；刀法、笔道方正而遒劲，任意挥洒，
结体因势赋形，不受拘束，其字体优美，如星光闪烁，
耀眼炫目。

此为"海山仙馆"一枚藏书印。清朝道光年间，富商
潘仕成斥巨资在广州荔湾兴建海山仙馆，被誉为岭南
第一名园。潘仕成（1804～1873 年），字德畬、德
舆，祖籍福建，世居广州，经营盐业与洋务，是晚清
享誉朝野的广州十三行官商巨富。既博古又通洋务，
也是慷慨的慈善家，精鉴赏，富收藏古玩书画，所藏
金石、古帖、古籍、古画号称"粤东第一"。

佚名"海山仙馆上上品"朱文象牙印章

清
长 2.8 厘米　宽 1.9 厘米　高 3.0 厘米
重 28.2 克

象牙。质地光滑细腻，色米黄，色泽纯净，纹理清楚。
横向长方形，象牙雕刻。汉印风韵。字体布章端庄严
谨，留白较密，边廓窄小；刀法、笔道线条，粗细一
致且劲健有力。同上方是同一作者篆刻，也是"海山
仙馆"一枚藏书印。

076

佚名"铁夫居士""陶万鈞印"朱白文寿山石印
双面章

清
长 2.5 厘米　宽 2.5 厘米　高 2.8 厘米
重 43.4 克

寿山石。质地温润细腻，色青，肌理隐含若干深色冻带。
方形，朱文章"铁夫居士"十字格内布章疏朗，传统不失典雅；
刀法、笔道粗而方正圆润，行刀游刃有余，边框小而破碎、突
显十字格赫印纹。白文章"陶万鈞印"布章密集，作者施以适
当的残破，使笔画增粗、粘连，产生线条的块面，从而丰富了
视觉效果，显得大气高雅。

佚名"陈编盗窃"白文寿山石印章

清
长 2.0 厘米 宽 2.0 厘米 高 3.6 厘米
重 38 克

寿山冻石。质地温润细腻、微透明，青褐色，以褐色为主，肌理有白色冻质棉絮纹。

方形，小篆、汉印结合。布章规整疏朗，明快秀丽；刀法和笔道圆润秀美。宽窄适宜的边廓上可见长短不一、大小不同的击边，形成了独具特色的篆刻意境。

这枚是个闲章，此语源自唐韩愈《进学解》："乘马从徒，安坐而食，踵常途之促促，窥陈编以盗窃。"

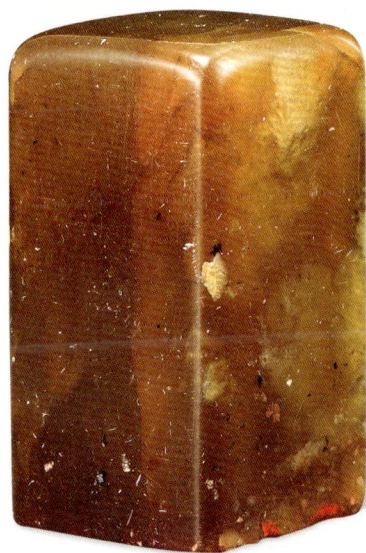

佚名"李氏泽藩延年益寿"白文寿山石印章

清
长 2.5 厘米 宽 2.5 厘米 高 2.4 厘米
重 36.5 克

寿山石。质地温润细腻，色深褐，肌理间杂浅灰褐色斑纹。
方形，变体回文覆斗钮。汉印篆意韵味浓烈。布章疏朗
密集相间，线条方折为主，略有起伏，起、收笔或方或圆，
转角处多呈棱角状，精气毕现。整体规矩秀丽，浑厚古朴，
苍劲茂秀；刀法和笔道方正规矩，行刀娴熟。整齐光洁
的边廓，显示出一丝不苟的篆刻艺术天地。

079

佚名"李鸿章"朱文寿山石印章

清

长 2.3 厘米　宽 2.3 厘米　高 5.4 厘米

重 54.9 克

寿山石。质地温润细腻，色蜡黄，另有浅白、浅灰色相杂其间。
方形，回首卧马钮。章法随意，刀法、笔道简练粗糙。

李鸿章（1823～1901年），晚清军政重臣，洋务运动的主要
领导人之一，本名章铜，字渐甫或子黻，号少荃，安徽省合肥人。
道光二十七年（1847年）中进士，受业曾国藩门下，讲求经世
之学。官至东宫三师、文华殿大学士、北洋通商大臣、直隶总督，
爵位一等肃毅伯。参与一系列重大历史事件，包括镇压太平天
国运动、洋务运动、甲午战争等，慈禧太后视其为"再造玄黄
之人。"与曾国藩、张之洞、左宗棠并称为"中兴四大名臣。"
著有《李文忠公全集》。

080

蒲生"冯早"朱文田黄石印章

清
长 2.2 厘米 宽 0.8 厘米 高 3.3 厘米
重 11.7 克

寿山田黄石。质地温润细腻，色暗黄，半透明，肌理
暗含白色斑点。

斜方形，龙蟠结合瑞兽薄意钮。依章形布章，章法传
统中出新颖，留白疏密适宜；刀法、笔道方圆粗犷、
运刀游刃有余。边廓宽而圆润针对性地重点击边。两
面单刀阴刻正楷边款："方流先生清鉴，蒲生。""梦
药山人持赠。"

黎如玮，字方流；孟鸿光，字蒲生，两人均为道光时
举人，有交往。二人似与印文"冯早"无关，故"方
流先生清鉴，蒲生"应该是旧款，"梦药山人持赠"
是改刻款。

081

朱荇"常熟杨氏同福字思载印"白文青田石印章

清 光绪十四年（1888 年）
长 2.5 厘米 宽 2.5 厘米 高 5.5 厘米
重 95.5 克

青田石。石质细腻，温润如玉，色青，肌理隐含白色纹理。
方形。布章疏密规整；刀法、笔道方正有力，行运干练。
单刀阴刻正楷边款："戊子立冬节，操汉印，参浙派，
为思载先生法家教正。朱荇。"
此为晚清常熟文人杨同福用印。杨同福，字思载（又作
思赞），室名承砚斋，江苏常熟人。晚清大学者、篆书
名家杨沂孙长子。曾官安徽贵池知县，工书画，精鉴赏，
富收藏。

朱荇，字友岩，浙江乌程（今湖州）人。
晚清民国篆刻家，曾居德清，擅篆刻，
亦刻竹、刻砚，善刻古砖。

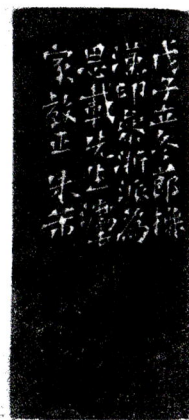

082

金城"孝威之印 / 斗杯堂印"白文青田石对章

清 光绪三十三年（1907 年）

长 3.4 厘米 宽 3.4 厘米 高 8.7 厘米

重 279.7 克

青田石。质地温润细腻，色青，肌理隐现浅白色、浅褐色
纹理。

两方印皆为规则正方形，用白文汉篆有机结合，布章疏朗，
密集结合，对称均等，整体性强；刀法、笔道方正有力，
外廓规整。一方单面单刀正楷边款："近人闽县郑孝胥、
黄岩王彦威皆知名之士，能兼之者其我江浦陈君乎！归安
金城为孝威作印，并志数语，以道忻慕。"另一方两面单
刀隶书边款："九秋风露越窑开，夺得千峰翠色来。好向
中宵盛沆瀣，共稽中散斗遗杯。拱北。""寂叟蓄杯百数
十种有斗杯堂记，余更取陆鲁望句，刻于印侧纪之，丁未
七月十又八日灯下。""余已为寂叟仿钝丁法刻此四字，
今更规橅撝叔，亦尚得其仿佛，归安金城并记。"

印章主人陈浏（1863 ～ 1929 年），字湘涛，
一字孝威，别署寂园叟，室名望云轩、唐经室、
斗杯堂等，江苏丹徒（今镇江）人。寓居北
京二十余年，精研瓷学，喜金石书画碑版，
尤嗜籀篆印学，藏名家田黄印极精，著有《古
瓷汇考》《寂园说印》《望云轩印集》等。

金城（1878~1926 年），字巩北，一字拱北，
又名绍城，号北楼，浙江吴兴县人，中国近
现代著名画家。金城承家学渊源，古器物字
画收藏甚富，留学英国伦敦铿司大学攻读法
律，民国成立后任众议院议员、国务秘书，
山水、花鸟、人物皆能，兼工篆隶，旁及古文辞。
1918 年与周肇祥、陈师曾等在北京筹建中国
画学研究会并任会长。著有《北楼论画》《藕
庐古同印存》《金拱北印谱》等。

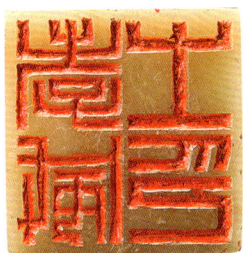

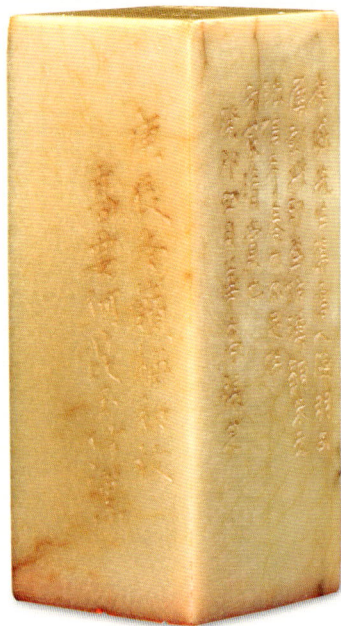

083

张定"渐被时人识姓名"朱文青田石印章

清 光绪二十九年（1903年）
长 3.1 厘米 宽 3.1 厘米 高 7.3 厘米
重 189 克

青田石。质地温润细腻，色米黄，肌理隐现褐色纹理。
方形，七字"渐被时人识姓名"，秦汉印之风。布章
疏密有致，密处更密，疏处更疏，整体疏密对比艺术
性强；刀法、笔道细秀舒展、汉篆变体。外廓窄秀、
强调内击边效果。两面单刀隶楷边款："孝威先生集
唐人陈羽句属刻此印，为仿汉铜朱文法，信手奏刀，
不足供方家清赏也。癸卯四月华亭张定。""庚辰冬
岭梅初放，高要何昆玉仿汉。"
此印是何昆玉旧边款，印是张定为陈孝威所刻。"孝
威先生"应是指陈浏。
何昆玉（1828～1896年）广东高要人，字伯瑜。清
代篆刻家，篆刻师法秦汉，旁及浙派，所作谨严浑厚，
时出新意。尤擅模拓彝器，尝客山东潍县陈介祺家，
得见陈氏所藏古物，赏奇析疑，见闻日广，鉴别遂精。
著有《吉金斋古铜印谱》。

张定，号叔木，江苏娄县（今上海松江）
人，善篆，工画，刻印得秦、汉法。曾
师从吴昌硕，弟子有唐醉石最为出名。
光绪十一年（1885年）刻印辑成《卷
石阿印草》。

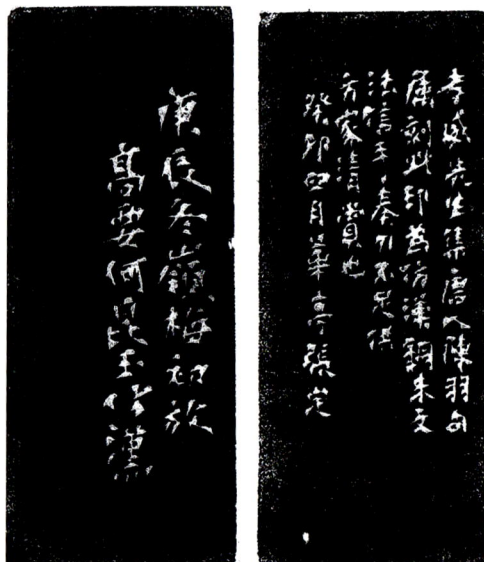

三多 "眉山后人" 朱文田黄石印章

民国十三年（1924 年）
长 2.2 厘米 宽 1.0 厘米 高 1.9 厘米
重 9 克

田黄石。质地温润细腻，橘皮黄，色泽纯净，微透明。
肌理由外至内黄色渐淡，暗含萝卜纹。

长方形，随形钮，章法传统规整，留白疏密均等，出
其不意布章 "山、人" 两字；刀法、笔道方圆利落、
运刀自如。边廓宽而圆润内击边。单刀阴刻行楷边款：
"己未冬式之属，子渭。六桥重刊于甲子三月。"

三多（1875~？年），蒙古正白旗人。
寓居浙江杭州。姓钟木衣氏，汉姓张，
字六桥，号鹿樵，室名可园、瓜园。晚
清举人。历任杭州知府、浙江武备学堂
总办、京师大学堂提调等职。民国后任
盛京副都统、将军府循成将军等职。后
供职伪满。早年曾师事俞樾和樊增祥。
著有《瓜园诗词集》等。

杨其光"延年"朱文红色琥珀印章

民国
长 1.8 厘米 宽 1.0 厘米 高 2.2 厘米
重 2.5 克

红色琥珀。质地细腻，晶莹剔透，色暗红，透明，肌理隐现深色斑线。

椭圆形，肥头大耳的狮形兽钮。"延年"布白疏朗均匀，刀法笔道有铜印凿刻遗风，细秀中显出沧桑感。

单独楷体边款："仑西仿汉"。

杨其光（1862~1925 年），字仑西，斋堂为花笑楼、添芽小屋。广东番禺人。晚清岭南著名文人杨永衍之子，幼承家学，蜚声词坛。善篆隶。刻印专师浙派，沉厚遒劲，颇近丁黄。著有《花笑楼词》《添芽小屋印谱》。

086

徐新周"蒹葭诗草"白文寿山石印章

民国

长 1.5 厘米　宽 1.5 厘米　高 3.7 厘米

重 14 克

醉芙蓉寿山石。钮雕刻辟邪，石质微透明，温润细腻，底色白、黄两色相间，肌理中带细密的斑纹。

正方形，布章、留红疏朗有致，边廓宽而规整；刀法、笔道含有楷隶篆风格，廋骨清风、文气十足。单刀阴刻楷体边款："星州制作"。

语出《诗经·蒹葭》："蒹葭苍苍，白露为霜。所谓伊人，在水一方。"

徐新周（1853~1925 年），字星舟、别署星州、心周、星周，室名耦华盒、芙蓉盒，江苏苏州人。幼而嗜古，尤完心全石，师从吴昌硕。篆刻苍劲有力，深得乃师衣钵。著有《耦华盒印存》《徐新周印存》。

徐新周"觉顿一号荷盦""番禺汤氏"朱白文寿山石对章

民国四年（1915 年）
长 2.2 厘米　宽 2.2 厘米　高 5.0 厘米
重 51.2 克

白芙蓉寿山石。雕刻狮犀瑞兽辟邪钮。质地温润细腻，呈半透明，色青白，肌理隐现棉絮纹。

一对规则方形，"觉顿一号荷盦"朱文，布章、留红两侧密集中间疏朗有致，边廓宽窄适宜；刀法、笔道含有颜、隶、篆风格，书法韵味浓厚。单刀阴刻行楷边款："星州作于沪上"，另一方"番禺汤氏"白文，布章、留红疏朗大气，边廓宽窄搭配相宜；刀法、笔道隶、篆风韵相结合，书法韵味浓厚。单刀阴刻行楷边款："乙卯二月星州仿汉人印"。

此为近代名人汤觉顿所用对章。汤觉顿（1878～1916 年），原名叡，又名为刚，字觉顿，祖籍浙江诸暨，随父亲汤世雄寓居广东番禺。十六岁（1894 年）入万木草堂，从康有为学习经世之学，"有奇气，嗜文艺，抗世希古。"

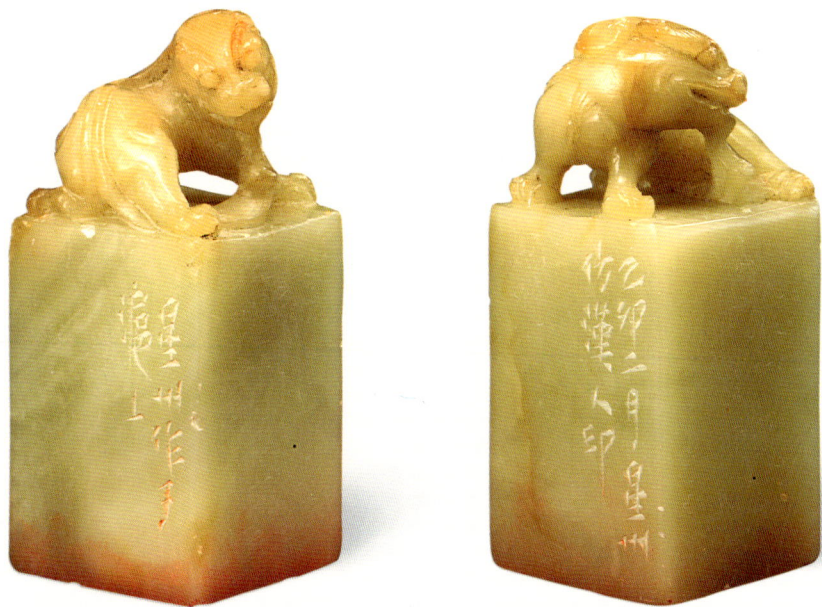

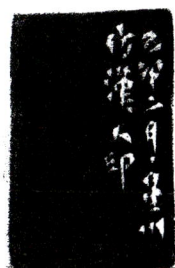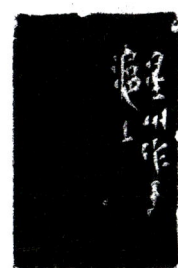

088

徐新周"七十七以后写"朱文寿山石印章

民国

长 2.6 厘米　宽 1.8 厘米　高 2.1 厘米

重 14.4 克

寿山石。质地温润细腻，蜜蜡色，色泽纯净，微透明。
竖向长方形，兽钮。布章、留白上疏下密，边廓宽而
圆润；刀法、笔道粗狂方圆，简洁大气。单刀阴刻行
草边款："吉六先生属。星州铭父制。"

佚名"节斋"朱文田黄石印章

民国
长 2.1 厘米 宽 1.2 厘米 高 2.3 厘米
重 12.9 克

田黄石。顶端雕刻有瑞草纹薄意纹。质地温润细腻，橘皮黄深、浅二色致密相融微透明、光洁，肌理有萝卜纹。

薄意钮，竖向长方形，章法传统严谨，留白疏朗大气；刀法、笔道粗壮有力，运刀老辣。边廓粗放，四角出刀自然，趣意无穷。

090

徐世昌"徐大/毅伯书簏"朱白文寿山石对章

民国
长 1.2 厘米　宽 1.2 厘米　高 5.7 厘米
重 20.4 克

白芙蓉寿山石。质地温润细腻，色青微白，微透明，肌理隐现深色斑纹。

一对正方形，"徐大"朱文，小篆、黑体、汉印风韵。布章疏密有致；方正沧桑的刀法与笔道。宽而光洁的外廓与均等的留白给人中规中矩的感觉。单刀重刻添墨近乎微雕的行楷边款："《下终南山过斛斯山人宿置酒》，李白。暮从碧山下，山月随人归。邻已顾所来径，苍苍横翠微。相携及田家，童稚开荆扉。绿竹入幽径，青萝拂行衣。美酒聊共挥，欢言得所稀。长歌吟松风，"云"者。甲子年五月上浣徐世昌手作刊日。"

另一方，"毅伯书簏"白文篆书，有汉印风韵。布章疏朗明快；粗细相间、古拙沧桑的刀法与笔道。大面积的留红给人烘托了白文的韵味。单刀重刻添墨近乎微雕的行楷边款："主人有酒欢今夕，奏鸣琴广陵客。月照城头乌半飞，霜凄万木风入衣。华烛烛增光。僧言古壁佛画好，以火来照所见稀。楚妃后动一声物皆静。清淮奉使千余里，敢告云山从此始。白吟诗。甲子年五月，上浣徐世昌手作刊。"此则边款主要录唐李颀《琴歌》诗句，其中又插有韩愈《山石》诗句，缺漏无序，盖兴之所至，随性吟刻。

徐世昌（1854~1939年），字卜五，号菊人，又号涛斋，晚号水竹村人、石门山人等。祖籍浙江鄞县，生于河南卫辉，晚年长居天津。清季翰林，官至东三省总督，体仁阁大学士。辛亥革命后，于1918年曾任北洋政府大总统。工山水，颇清秀。书宗苏轼，略变其体。能诗，设晚晴籍诗社，罗致诗友，编印清诗汇。著有《水竹村人集》《晚清籍诗汇》《清儒学案》等。

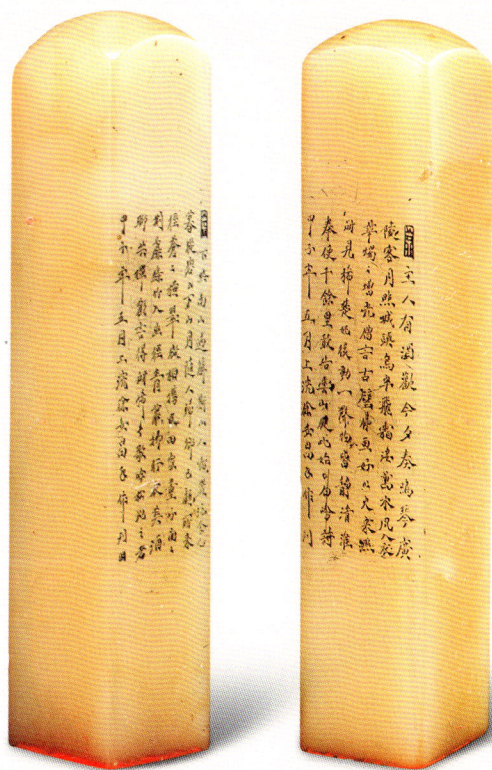

陈衡恪"融天地之逸人也"白文寿山石印章

民国四年（1915 年）

长 2.5 厘米 宽 2.5 厘米 高 7.3 厘米

重 108 克

醉芙蓉寿山石。质地温润，色黄微白。

方形，瑞兽薄意钮。汉印变体，风格新颖。布章上密下疏结合、不对称布局，然整体感佳；刀法方圆流畅老辣。外廓微击边，大有"石破天惊"之魅力。一面单刀线刻行楷边款："庚子初秋为清湖大兄镌"；另一面魏楷边款："南齐张融与王僧虔书语，瘿公属师曾作，乙卯长夏。"此为近代名人罗惇曧请陈衡恪所作闲章。

罗惇曧（1872~1923 年）字孝遹，号掞东、宾退、瘿庵，晚号瘿公，广东省顺德县（今佛山市顺德区）人。官至邮传部郎中。工书法，于楷、行、草最为擅长；诗宗宋，与梁鼎芬、曾习经、黄节合称近代岭南四大家。中国近代著名剧作家，著有《梨花记》《龙马姻缘》《花舫缘》等。

陈衡恪（1876~1923 年），字师曾，号朽者、朽道人，所居曰"槐堂"，江西义宁人。清末民初百年来有着深远影响的重要美术家。陈衡恪生于官宦书香世家，祖父湖南巡抚陈宝箴，父亲著名诗人陈三立，历史学家陈寅恪为其弟。曾赴日本习博物之学，坚持吸收西方长处以发扬传统书画艺术，是清末民初公推的艺坛领袖人物。

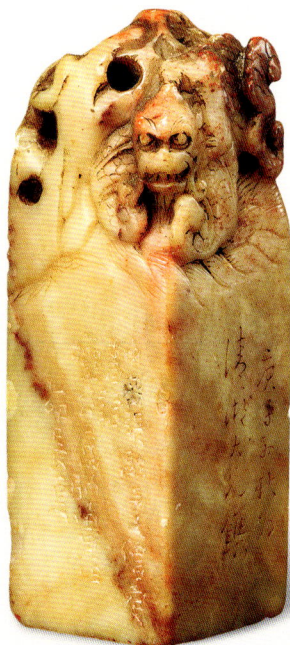

092

陈衡恪"濮一乘"白文寿山石印章

民国
长 2.6 厘米　宽 2.6 厘米　高 7.6 厘米
重 104 克

白芙蓉寿山石。质地温润细腻，色青白，肌理隐现黄褐色斑纹及纹理。

方形，兽钮。汉印风韵，效仿齐白石制印之风。布章右密左疏、不对称布局，有四两拨千斤之感受；刀法方正干练。单面单刀线刻行楷边款："师曾奏刀"。

濮一乘为民国佛教学者，其与欧阳渐、蒯若木、孙毓筠、陈方恪诸公联合办佛教会。纂修《邓尉山圣恩寺志》《武进天宁寺志》《名山游访记》。

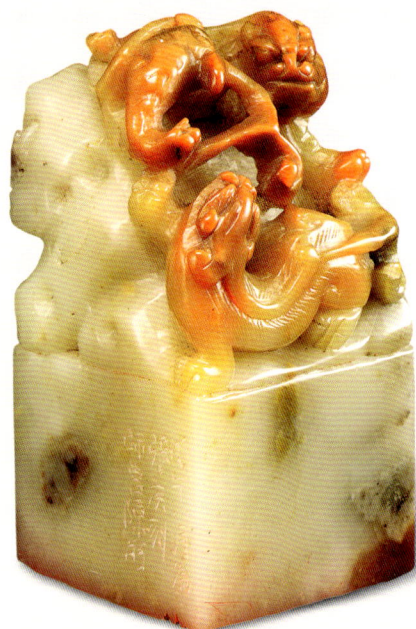

093

陈衡恪 "张广建印" 白文寿山石印章

民国七年（1918 年）
长 3.9 厘米　宽 3.9 厘米　高 7.4 厘米
重 250 克

留黄白芙蓉寿山石。质地温润细腻，色以白为主，兼有褐、黄二色。黄色主要位于兽钮部，褐色斑纹主要为方印一面。肌理隐现少量浅色斑纹。

方形，双兽嬉戏山石间高浮雕薄意钮。汉印遗风，风格传统。布章规矩，整体性强；刀法、笔道方正中见圆润。单面单刀粗刻楷体边款："戊午八月为张侯刻，师曾陈朽。"

张广建（1864～1938 年），字勋伯，安徽合肥人，曾是袁世凯心腹大臣，1914 年至 1921 年任甘肃都督，故称"张侯。"1923 年北京国民政府授予陆军中将军衔。

陈衡恪 "鸾陂草堂藏书" 朱文寿山石印章

民国
长 2.7 厘米　宽 2.7 厘米　高 3.0 厘米
重 62.7 克

醉芙蓉寿山石。石质细嫩，半透明，有白、红二色，
分布均匀，过渡自然，相杂浅色斑纹。

方形，小篆汉印神韵。布章疏密有致，整体艺术感极
佳；刀法、笔道方正粗圆、挺拔矗立。外廓细秀，内
边针对性击边。单面单刀行楷边款："偶仿吴让之法，
朽。"

095

佚名"敬懿皇贵妃之宝"朱文象牙印章

民国
长 1.9 厘米　宽 1.9 厘米　高 3.2 厘米
重 16.8 克

象牙。质地光滑细腻，色米黄，表面可见褐色纹理若干，纹理清楚。

方形，拱桥钮。小篆、汉风，清宫皇家印章风格。布章规矩，布白严格等分；刀法、笔道规范整齐，匠工艺术浓厚。

此为敬懿皇贵妃一枚自用印，印文虽然有些残，但整体保存完好，十分难得。

敬懿皇贵妃（1856～1932 年），赫舍里氏，满洲镶蓝旗人，知府崇龄女，精通文墨与琴棋书画。光绪二十年正月晋封为瑜贵妃；宣统皇帝尊封为瑜皇贵妃。1913 年 3 月 12 日（农历二月初五），废帝溥仪又尊封她为敬懿皇贵妃。临终后时伪满朝廷谥为献哲皇贵妃。

齐白石"佩恒"朱文寿山石印章

民国

长 1.9 厘米 宽 1.9 厘米 高 5.2 厘米

重 54.1 克

山坑寿山石。质地温润细腻，色青黄，肌理有明显结晶状条纹。

方形，二字"佩恒"，方正楷篆变体风格。布章疏密有致，气贯神通；刀法棱角分明，笔画方正有力。宽窄边廓针对性的内外修、击边，产生了独特的艺术效果。单刀楷体边款"白石。"

齐白石（1864~1957 年），名璜，字濒生，号白石、白石山翁等，湖南湘潭人。齐白石以写意花鸟画闻名，诗书印亦有成就，篆刻多任以己意。

齐白石"虎翁白牋 / 谢大近况"白朱文田黄石对章

民国

长 2.2 厘米　宽 2.2 厘米　高 5.3 厘米

重 56 克 / 重 56.6 克

山坑田黄石。质地细腻，有蜡质感，色蜡黄，肌理隐含褐色纹理。

一对随形方章，两方章一白文一朱文，都是四字二行，自右向左上下直读，用特有的方正楷篆变体风格。布章疏密相宜，独树一帜，印章整体艺术效果佳；刀法棱角分明。针对性的内修、击边，产生独特的神韵和另类艺术效果。单刀行草三面边款："境无终穷，愿难常足。惟贪生妄，惟谦受福。知止不殆，持盈以虚。眼前地步，退则有余。蕉雪主人识。白石。"另一方边款："万事纷乘，寸心默运，操存舍亡，明生于慎。孟求其放，朱勖以收，谏与昧因，道在能留。白石重刊。"

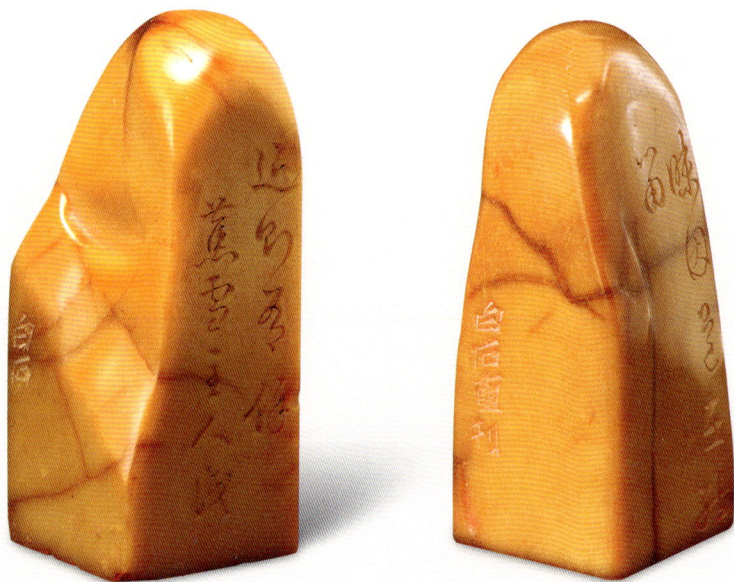

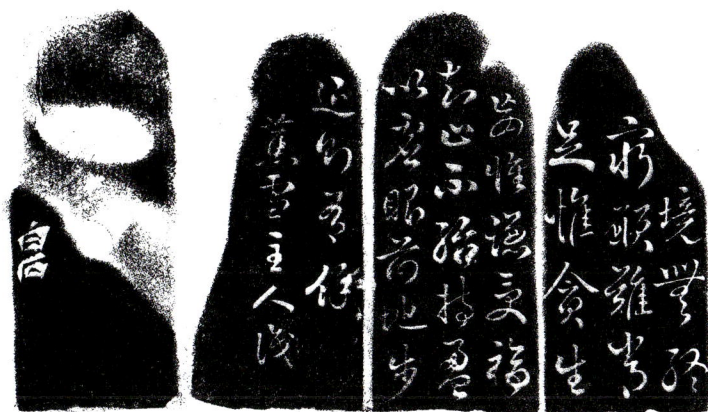

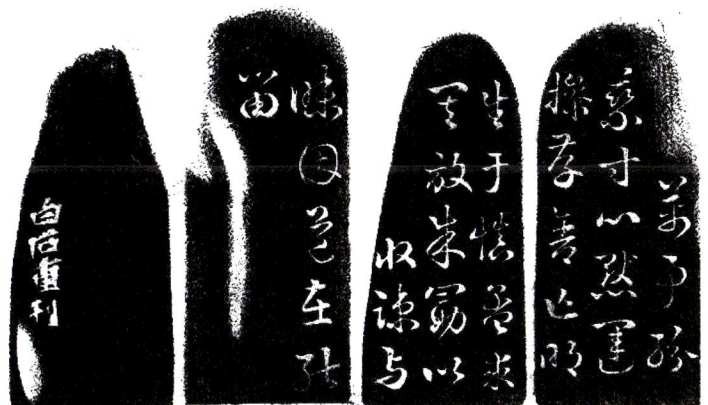

098

叶铭 "平等龛" 朱文寿山石印章

晚清民国
长 1.7 厘米　宽 1.7 厘米　高 3.2 厘米
重 20.6 克

白芙蓉寿山石。质地温润细腻，色青白，肌理隐含若干白色斑点。

方形，隶篆组合平稳而不板滞，含蓄劲健，内蕴深厚，章法规矩而有变化，刀法纯熟而不油滑。单刀行楷边款："叶舟作于吴中"。

叶铭（1866~1948 年），字品三，号叶舟，又号盘新，别署铁华庵，浙江杭州人。光绪三十年(1904 年)与丁仁、王褆、吴隐创立西泠印社，以"保存金石，研究印学"为宗旨。擅金石书画，尤擅篆隶，淳雅古朴，用笔凝练。篆刻远法秦汉，于近代皖浙诸家皆悉心研究，融会贯通，深得古人神髓。著有《徽州访碑录》《叶舟笔记》等。

叶铭"缊之"朱文寿山石印章

民国二十一年（1932 年）
长 1.2 厘米 宽 1.2 厘米 高 3.2 厘米
重 12.2 克

寿山冻石。质地细密纯净，色青黄，微透。

方形，小篆风格。布章、字体疏朗清新，分档有致。

刀法、笔道方而圆润，边框粗宽，内击边；行刀自如。

单刀行楷边款："仿徐三庚法为缊之兄作并具。壬申
中秋。""仿汉玉印，叶舟。""乙青仿汉"

应均 "游戏人间者" 朱文青田石印章

民国二十三年（1934 年）
长 2.3 厘米 宽 2.3 厘米 高 4.1 厘米
重 51.6 克

青田石。质地温润，色灰褐。印身表面可见明显深褐色龟裂纹，隐现红色斑纹。

方形，覆斗钮。汉印金文变体，风格另类。布章疏密结合，整体性良好；刀法粗犷老辣，金文汉篆相得益彰。外廓规整内见击边，一边笔画达框，一边留白。单面单刀线刻行楷边款："甲戌秋刻奉茗溪兄文房，松石山民，时年六十一"。

应均（1874~1941 年），原名仲华，字万春，号松石山民。浙江永康人。能诗、词，善书法，中年后参北魏书笔法。工画，墨兰尤佳。刻印宗秦、汉，兼参明清诸子，嗜浙派，用刀亦冲亦切，工稳严实间均不失法度。

101

王禔 "勉之曾观" 朱文象牙印章

民国三十五年（1946 年）
长 1.5 厘米　宽 1.5 厘米　高 6.7 厘米
重 25.6 克

象牙。质地光滑细腻，色米黄，色泽纯净，纹理清楚。
方形，小篆汉印结合。布章规矩、端庄，三面密集，
一面疏朗，整体性较好；刀法、笔道方正圆润。边框
细秀、刻意的内击边和重点破框给人出其不意的艺
术效果。单刀重刻填红顶款："丙戌三月，福厂。"

王禔（1879~1960 年），原名寿祺，字
维季，号福庵，以号行，浙江仁和人。
工书法篆刻，与叶铭、丁仁、吴隐等创
设西泠印社。晚年自汉洗文字悟入作篆
隶，朴厚古拙；隶楷亦独树一帜。篆刻
融会浙派、皖派之长，上究先秦两汉古
印，严谨整饬而有苍老浑厚之致，人称
其与吴昌硕、赵叔孺鼎足而三。著有《福
庵藏印》十六卷，自刻印有《麋砚斋印
存》二十卷。

王褆"孙壮之印"白文青田石印章

民国十三年（1924年）
长 2.0 厘米 宽 2.0 厘米 高 5.2 厘米
重 60.7 克

青田石。质地温润细腻，色青，肌理隐现浅色斑点与斑纹。
方形，汉印味浓。布章整体性好，刀法有力遒劲。边框
粗细分档、外廓光洁，稍加的轻击边给人一种画龙点睛
的艺术效果。单刀细刻行楷边款："伯恒社长审定，福
厂仿汉，时甲子大寒节，客京师之声斋。"可知此印即
王褆为晚清民国学者孙壮（字伯恒）所治。

孙壮（1879～1938年），字伯恒，号雪园，室名读雪斋、
抱朴斋等，北京大兴人。近代著名藏书家，旧京著名金
石社团"冰社"秘书长。书法家与古器物学者，富藏金
石碑版。曾任商务印书馆馆长、河南省博物馆馆长等职，
著有《永乐大典考》《抱朴斋经眼录》等。

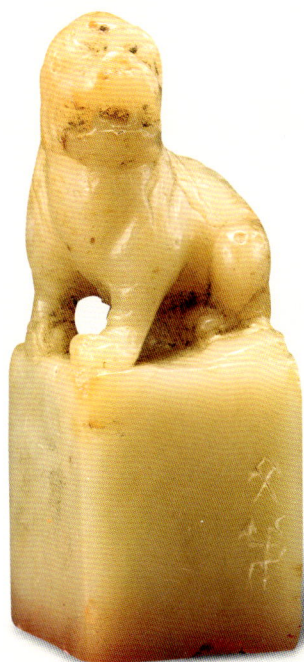

103

文叔"孙伯恒"白文寿山石印章

民国
长 1.6 厘米 宽 1.6 厘米 高 4.2 厘米
重 21.1 克

白芙蓉寿山石。质地温润细腻，色青微白，肌理隐现浅色斑纹。

方形，瑞兽辟邪钮。汉篆之风。布章随机自然，疏朗明快；运刀游刃有余。边框粗重、外廓光洁与重点击边相间，给人浓墨重彩的书法效果。单刀重刻篆隶边款："文叔"。此民国政要、商务印书馆北京分馆馆长孙壮（字伯恒）用印。孙壮藏三代秦汉陶器瓦封泥等拓片甚丰富，旅居旧京的临川著名篆刻家、古器传拓家周康元自辑《石言馆印存》中有二十余方为孙壮所治。

104

寿玺 "贺监同乡" 白文寿山石印章

民国十四年（1925 年）
长 2.1 厘米　宽 2.0 厘米　高 6.7 厘米
重 59 克

寿山石。质地温润细腻，色青黄，肌埋隐现褐色斑纹及浅色纹理。

方形，变体双狮嬉戏瑞兽钮。篆、楷、汉印风格。布章疏朗清馨、少见密集，然一气贯通；古拙的方正刀法与笔道。宽厚光洁的边框外廓，烘托着白文的神韵。单刀重刻楷体边款："伯恒亦山阴人，为作此印，□雅第七集，乙丑七夕印丐。"可知此印是寿玺为晚清民国学者孙壮所治。"贺监"即指唐贺知章，孙壮与之同浙江山阴人，故称"同乡。"

寿玺(1888~1950 年)，名玺，字石工、务喜，号印丐、珏庵等，浙江绍兴人，寓居北京。近代篆刻家，精于鉴藏古墨，自称"越人燕客。"工书，亦善词，著有《墨史》《治印琐谈》《篆刻学讲义》。又有《珏庵词》行世，尝辑有《铸梦庐藏印》四册

105

寿玺 "海王邨书俭"白文寿山石印章

民国

长 3 厘米 宽 1.9 厘米 高 4.2 厘米

重 41 克

寿山冻石。质地温润细腻，米白色，表面有金色纹理
及浅色斑纹。

长方形，卧牛钮。小篆、黑体、汉印结合。布章疏朗
密集相间，神气贯通；外惠秀中的刀法与笔道。单刀
细刻楷体边款："伯恒仁兄社长，印玙"。此印即寿
玺为商务印书馆北京分馆社长孙壮所治。

106

黄石 "字李煜" 朱文青田石印章

民国

长 1.5 厘米 宽 1.5 厘米 高 4.7 厘米

重 30.4 克

青田石。质地温润细腻微透，青色微黄似蜡，颜色较纯。方形，金文汉印风韵。布章疏密得当，中规中矩，浑然一体；刀法、笔道粗方舒展、小篆汉印合体。外廓方正圆角，注重内击边的印术效果。两面单、双刀楷体边款："杨準"（原款）。"拟汉铜器凿铭，少牧刻"（新款）。

黄石（1879~1953 年），一名廷荣，又名茂先，黄士陵之子，号少牧、少穆、黟山老农等，安徽黟县人。曾官南城令，善绘拓彝器，端方《陶斋金石录》绘拓半出其手。篆刻承家法，印文方圆结合，硬朗劲辣，深得其父神韵。

子均 "名茂先" 白文青田石印章

民国十七年（1928 年）
长 1.6 厘米　宽 1.6 厘米　高 4.8 厘米
重 31.9 克

青田石。质地温润细腻微透，青色微黄似蜡，颜色较纯。
方形，金文汉印风韵。布章疏密得当，浑然天成；刀
法、笔道粗方舒展、小篆金文合体。外廓留红宽而方正
润洁。两面单、双刀楷体边款："子均篆，时戊辰秋八
月也"（原款）。"此刻近汉玉印，乞重光先生鉴定。
丁巳十二月黄石作记"（新款）。

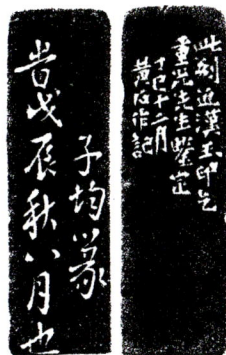

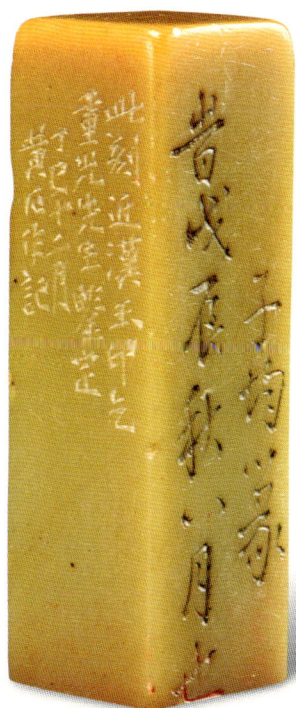

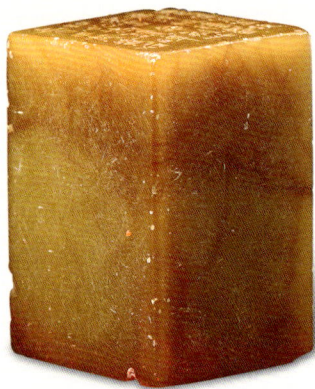

108

黄石"养庵读碑"白文青田石印章

民国三年（1914 年）

长 2.1 厘米 宽 2.1 厘米 高 3.1 厘米

重 38.6 克

青田石。质地细腻，色深青，颜色较纯，可见明显深褐色纹理。方形，汉印风韵。布章密而有致，疏而明朗，中规中矩，浑然天成；刀法、笔道粗方有力、汉篆之体。外廓留红宽而方正润洁，针对性击边达到了特殊的艺术效果。单刀楷体顶款："养庵先生收藏碑版精审宏富，命刻此印以为读碑之用。甲寅黄石。"

"养庵先生"即晚清民国著名金石学者、政要、书画艺术家周肇祥。周肇祥（1880～1954 年），字嵩灵，号养庵，别号退翁，室名宝瓠楼，浙江绍兴人。清末举人，肄业于京师大学堂，曾代理北洋政府湖南省省长，1925 年任临时参政院参政。中国近代著名书画家，工诗文，精通文史，长于金石考据之学，为京津画派领袖人物，与金城等创办中国画学研究会并任会长。后任古物陈列所第四任所长。

谭锡瓒，字建侯，号石侬、瓻盦，别号师曼，湖南茶陵人。诸生，工篆刻，神似文、何，单刀尤称绝技。活跃于清末民初北方印坛。民国初与袁克文交从甚密，曾为其治印多枚。

109

谭锡瓒"肇祥审定"白文青田石印章

民国四年（1915 年）
长 1.2 厘米 宽 1.2 厘米 高 4.7 厘米
重 17.3 克

青田石。质地温润细腻，色青白，微透明，肌理隐现深色斑纹。

方形，汉印变体之风。布章疏密间致，灵活多变，浑然一体；刀法、笔道方圆结合。内、外留红相得益彰，刻意地击边以达到另类的艺术效果。单、双刀楷体边款："师曼作此，有丁邓两家合处。乙卯。"

据印中"肇祥"可知此为周肇祥自用印。

110

谭锡瓒"敳安手拓"朱文青田石印章

民国

长 1.6 厘米 宽 1.6 厘米 高 4.1 厘米

重 26.9 克

青田石。质地略粗，褐色。

方形，小篆、金文变体风韵。布章疏朗明快，浑然一
体；刀法、笔道圆润弯曲自然。破碎的外击边显得沧
桑古远的艺术效果。单刀线刻边款："师曼制"。

"敳"同"养"，"养安"即周肇祥，可知这方印也
是谭锡瓒为周肇祥所治。

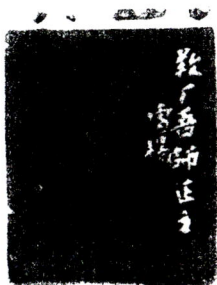

余雪杨，浙江秀水人，近代书画艺术家，工篆刻、与陈师曾、方介堪等交善。夫人杨雪玖亦为近代海上著名书画家。夫妇曾远赴日本、德国、美国等国家举办画展。

余雪杨"百竞庵书画记"白文青田石印章

民国
长 3.0 厘米 宽 2.4 厘米 高 3.8 厘米
重 73.4 克

青田石。地温润细腻，色青微黄，肌理可见褐色纹理。顶部浅浮雕花卉为钮。长方形，汉印风韵。布章规矩中间灵活，疏密间致，印纹浑然一体，刀法劲健有力。轻重相间地击边取得了独特的艺术效果。单刀重刻边款："养庵吾师正之，雪杨。"

此处"敫厂"即"养庵"，正是指晚清民国著名学者周肇祥，据此亦可知其曾用"百竞庵书画记"作为鉴藏印。

易大庵 "鸳鸯湖畔人家" 白文寿山石印章

民国
长 4.3 厘米 宽 2.7 厘米 高 4.0 厘米
重 128.7 克

醉芙蓉寿山石。质地细腻，通体朱色，间杂两块青色斑纹。肌理隐有浅色纹理。

长方形，大篆变体风韵。方框内布章疏朗明快，圆润流畅的刀法与笔道突显异样篆刻风格。内外针对性击边极富艺术感。单刀重刻边款："玦亭"。

陶昌善（1879～1950 年），字俊人，一作陶山，号韬庵、五柳居士、秀翁，浙江嘉兴人。民国政要，曾任南京临时政府实业部农政司司长。工书善画，富收藏，所藏北魏墓志拓片尤多。因家嘉兴，故有"鸳鸯湖畔人家"之号。

易大庵（1874~1941 年），字季馥、季复，号大庵、玦亭，广东鹤山人。中年东渡日本习师范，曾任孙中山秘书，作国民党党歌。一生劬学不倦，举凡诗古文辞、金石书画、词曲篆刻，旁及训诂声韵、法学和佛学，皆精湛淹博。历任暨南大学、国立音乐院等教授。篆刻师从黄士陵，吸取汉印、封泥、古玺精华。著有《古溪书屋印集》《诵清芬室藏印》《双清池词馆集》等。

113

李尹桑"葵霜阁"朱文寿山石印章

民国四年（1915年）
长 2.8 厘米 宽 1.3 厘米 高 5.4 厘米
重 54.1 克

米黄红线纹寿山石。质地温润细腻，有青、黄二色相间，表面有红色纹理，略有深色斑点。

长方形，小篆黑体结合。疏密有致、规整有余地布局，显示出端庄娴静的风貌；红白相间两相宜；方正流畅、工整的刀法和笔道，体现出刻者的功力。方正的外框和重点内击边达到点石成金篆刻艺术效果。单刀线刻隶楷变体边款："节盦先生教正，乙卯六月师实刻呈。"

梁鼎芬（1859～1919年），字星海，一字心海，又字伯烈，号节庵，别号不回山民、浪游词客、葵霜、藏山等，室名有耻堂、葵霜阁、栖凤楼、抗愤堂等。晚清著名藏书家、学者、诗人。光绪六年（1880）进士。余绍宋编有《节庵先生遗诗》六卷。

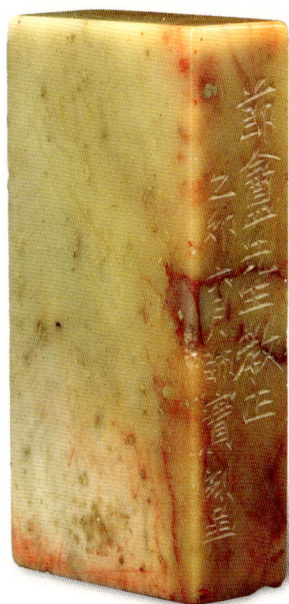

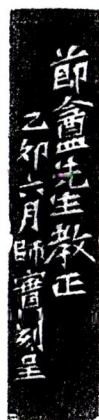

李尹桑（1882～1945年），字茗柯、师实，号壶父、玺斋、钵斋等，斋名绿云轩等，广东番禺人。工书法，临摹秦汉诸碑，治印师从黄士陵，与黄宾虹、易大庵、邓尔雅交善。存世有《李玺斋先生印存》《异钩室玺印集存》等多种。

李尹桑"黄节"白文青田石印章

民国七年（1918 年）
长 1.7 厘米 宽 1.7 厘米 高 4.5 厘米
重 37.2 克

青田石。质地细腻，色青微白，间杂有深色斑点。

方形，小篆汉印风韵。方格中疏密相间的布章、整体感较强；红白空间两相宜；方圆流畅的刀法和笔道。重点击边和破边极富篆刻感染力。单刀深刻楷体边款："戊午十月灯下刻寄晦闻学长于京师，尹桑。"据此可知，此印乃李尹桑为黄节所治。

黄节（1873～1935 年），原名晦闻，字玉昆，号纯熙。后改名节，别署晦翁，广东顺德人。近代岭南著名诗人、学者。清末在上海与章太炎、马叙伦等创立国学保存会，刊印《风雨楼丛书》，创办《国粹学报》。民国成立后加入南社，先后任教北京大学、清华大学。以诗名世，与梁鼎芬、罗瘿公、曾习经合称岭南近代四家。作品兼见唐诗的文采风华与宋诗的峭健骨格，人称"唐面宋骨。"著有《蒹葭楼集》《诗旨纂辞》《曹子建诗注》《顾亭林诗说》等。

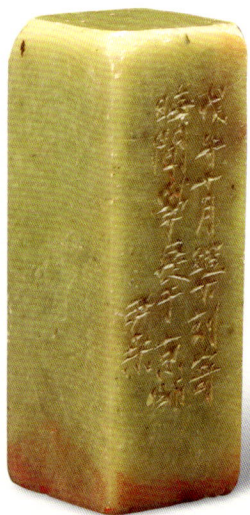

115

李尹桑"黄节/晦闻"白朱文青田石印对章

民国十年（1921 年）
长 2.3 厘米 宽 2.3 厘米 高 6.4 厘米
重 93.4/92.4 克

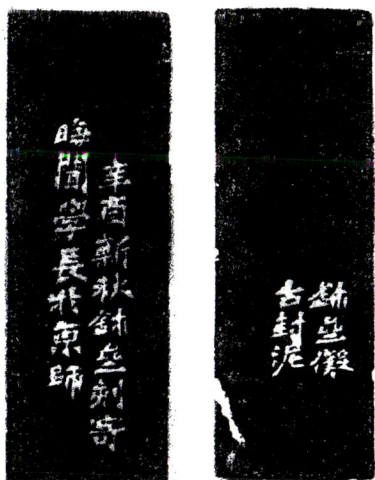

青田石。质地细腻，色青，肌理隐现深褐色斑纹。

一对规则方形章，"黄节"白文，汉印、小篆风格。疏朗布章、整体感强；红白空间均等相宜；方圆流畅的刀法和笔道。特意内击边和外破边富有篆刻艺术感。单刀深刻楷体边款："辛酉新秋，鉢斋刻寄晦闻学长于京师。"另一方"晦闻"大篆朱文黑体风韵，布章疏朗明快，整体凝聚感强；红少白多，重点突出的空间；方正圆滑、流畅工整的刀法和笔道。特意内击边和红斑块给人一种特殊的篆刻艺术氛围。单刀深刻隶体边款："鉢斋儗古封泥"。

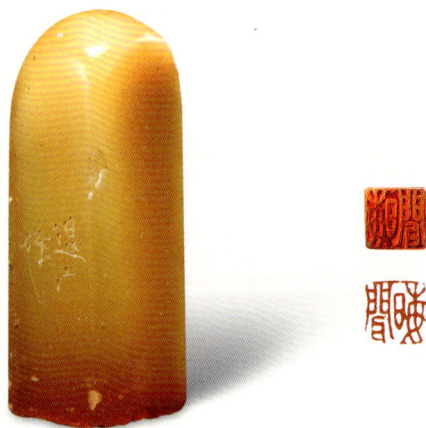

116

萧退庵"晦闻"白文寿山石印章

民国

长 0.8 厘米　宽 0.8 厘米　高 2.5 厘米

重 3.95 克

寿山冻石。质地温润细腻，色青黄，微透明，肌理隐
现白色冻质。

方形，随形钮。汉篆风韵。布章密而不乱；红白分隔
有致；粗细相间的刀法与笔道显得规矩。边廓击边恰
到好处；红白空间相宜。单刀重刻边款："退厂作"。
可知此印亦萧氏为黄节所治。

萧退庵（1876~1958 年），原名中孚，
亦作盅孚，字蜕庵，别署蜕公、旋闻室
主等，晚年号南园老人等，江苏常熟人。
早年入南社，又为同盟会会员。1949
年后任江苏省文史研究馆馆员。通经史，
善诗文，书法四体皆工，又善治印，深
研篆书。

萧退庵"慕奇节伟行非常之功"朱文寿山石印章

清 光绪三十年（1904 年）
长 3.3 厘米 宽 3.3 厘米 高 3.7 厘米
重 106.8 克

寿山石。质地略粗，褐色，有黄色纹理。表面略有划痕与磕损。

方形，方框三竖格，小篆、汉印风格。均匀疏朗的布章，富有整体感；红白空间两相宜；圆润流畅的刀法和笔道，体现出书法之功力。特意的笔画毛边和击出的细窄边框，烘托出篆刻艺术的辉煌韵味。双面单刀细刻楷体边款。一面黄节刻边款："取柳柳州语，倩退厂刻此。晦闻记于黄斋。"另一面萧退庵刻边款："篆法远陶二李，刀法近仿二陈，未知仿佛否耳？晦闻先生正之。甲辰五月退厂。"

据边款可知，此印乃黄节请萧退庵所治。黄节谓印文"取柳柳州语"，然查考可知似出自欧阳修《石曼卿墓表》："曼卿少亦以气自豪。读书不治章句，独慕古人奇节伟行非常之功，视世俗屑屑，无足动其意者。"

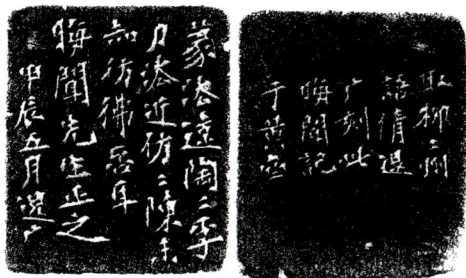

118

佚名"节"朱文青田石印章

民国
长 2.1 厘米 宽 2.1 厘米 高 2.4 厘米
重 29.8 克

青田石。质地温润细腻，色青，肌理隐现深色纹理。
方形，大篆变体。方厚边廓内疏朗明快布章；圆润弯
曲流畅的刀法与笔道突显先秦刀币篆刻风格。有的放
矢地内击边极富艺术感。双刀重刻填红边款："晦公
命摹齐刀一文意"。
从边款"晦公命摹"可知此亦为黄节所用印。

119

佚名"黄节印信"白文寿山石印章

民国

长 2.6 厘米　宽 2.6 厘米　高 5.2 厘米

重 71.1 克

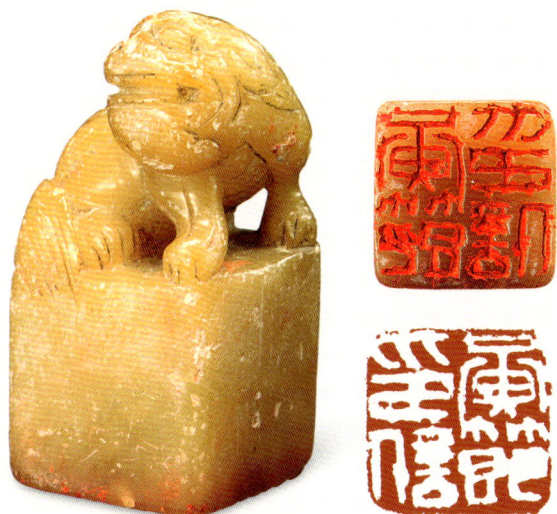

寿山冻石。质地温润，色青黄，表面有若干白色划痕与细小磕伤。

方形，狮形变体瑞兽印纽。汉印变体。布章疏密相间、相互呼应；红白空间大致相当；圆润弯曲流畅的刀法与富含书法运笔，以及凿印风格运用得恰到好处。击边和破边极富篆刻感染力。据印文可知黄节自用印。

120

佚名"黄节"白文寿山石印章

民国

长 1.0 厘米　宽 1.4 厘米　高 3.5 厘米

重 13.7 克

寿山冻石。质地温润细腻，色青微白，肌理隐现浅色斑纹。

长方形，汉印变体。布章疏密结合，相得益彰；弯曲流畅的刀法与富含书法运笔的印纹显示出特有的篆刻艺术，可谓刀笔双畅。有的放矢地击边和破边极富篆刻感染力。

此印是黄节自用印。

邓尔雅"后山而后"白文青田石印章

清 宣统三年（1911 年）
长 1.7 厘米 宽 1.7 厘米 高 5.1 厘米
重 36.2 克

青田石。质地温润细腻，色青，肌理隐现白色斑纹。方形，随形钮。汉印、黑体结合。布章疏朗为主、局部较密集，但整体感较强；刀法和笔道方正、圆润、流畅有力。稍加击边和底边毛弧，有较强的篆刻艺术感染力。单刀深刻楷体边款："晦公酷爱后山诗，尤慕后山之为人，因治此印把似。辛亥尔疋。"

"后山"即北宋晚期江西诗派代表人物陈师道（号"后山居士"），黄节倾慕陈后山之诗，曾集法源寺，为后山逝日设祭作诗。此印乃邓尔雅为黄节所治。

邓尔雅（1884~1954 年），字季雨，别名尔雅，号尔疋、宠恩，别署绿绮台主，斋堂为绿绮园、邓斋，广东东莞人，翰林院编修、江西按察使司邓蓉镜之子。早年攻篆刻、书法和文字训诂，黟山派传人。1905 年赴日学医，后改学美术，1910 年回国任小学教员，1912 年与黄节等创办贞社广州分社。1914 年参加南社。

122

邓尔雅"江夏"朱文青田石印章

民国
长 2.6 厘米 宽 1.1 厘米 高 2.9 厘米
重 12 克

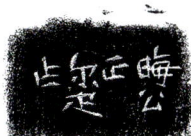

青田冻石。质地细腻，色青黄，肌理隐现褐色斑纹。椭圆形，瑞兽钮。小篆、汉印结合。布章疏密相间、局部密集，整体感较强；红重白轻、稳重大方；刀法和笔道圆润流畅。宽而厚重的外廓上轻微的击边与细秀的篆体相得益彰，富有篆刻艺术感染力。单刀细刻楷体边款："晦公正，尔疋作。"

据此边款可知此亦邓尔雅为黄节所治印。因黄氏多以"江夏"为郡望，故有"江夏黄氏"之称。

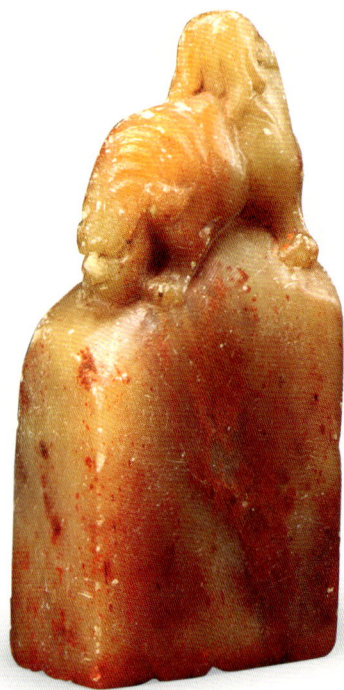

123

邓尔雅"黄／节"白朱文寿山石印章

民国

长 2.2 厘米 宽 1.1 厘米 高 4.4 厘米

重 17.3 克

醉芙蓉寿山石。质地细腻，间杂青黄、朱二色，二色融合自然，肌理可见白色斑纹，微透明。

长方形，联珠印。虎狮瑞兽钮。上章白文，方框单字，汉印风韵，布章疏密均等，浑然一体；刀法和笔道方圆老辣；下章方框单字，汉印风格，布章疏朗明快；刀法和笔道方正有力。厚重外廓与刚秀的篆体相得益彰。单刀线刻行楷边款："晦公道丈，尔疋。"可知此印亦是邓尔雅为黄节所治。

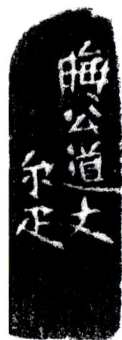

邓尔雅 "黄节" 朱文青田石印章

民国
长 1.7 厘米 宽 1.7 厘米 高 4.1 厘米
重 35 克

青田石。质地温润细腻，色青，肌理隐现白色斑点。
方形，汉印、小篆结合。布章疏朗，整体感较强；白多红少，
重点突出；刀法和笔道圆润流畅。宽厚的外廓上可见重
点与轻微地击边产生出篆刻艺术的感染力。单刀线刻行
楷边款："晦闻先生正，尔疋。"可知此印亦是邓尔雅
为黄节所治。

邓尔雅"濂／碧望里人"朱文青田石印章

民国
长 2.3 厘米 宽 0.9 厘米 高 2.2 厘米
重 11.9 克

青田冻石。质地温润细腻，色青黄，肌理隐现浅褐色、浅白色斑纹。

长方形、联珠印，上章方框单字，篆、汉印结合，布章密而有致；刀法和笔道方正流畅；下章小篆、金文变体印纹。布章疏密相宜；刀法和笔道圆润流畅。细秀的外廓与细秀的篆体相得益彰。单刀细线轻刻行楷边款："尔疋"。

高蕴琴（？～1927 年），名学濂，字隐岑，又号韫言、韫岑，广东澄海人。高氏为晚清民国澄海望族，香港富商，富收藏，精鉴赏，与蔡哲夫、邓尔疋等均为好友。

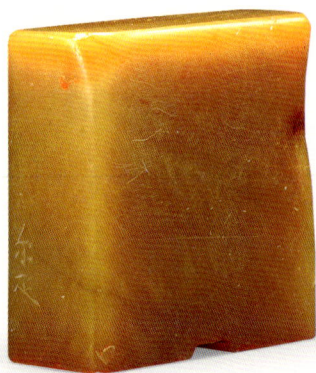

126

李苦李 "在和审定" 朱文田黄石印章

民国
长 1.6 厘米 宽 1.6 厘米 高 4.1 厘米
重 20.7 克

寿山田黄石。质地温润细腻如蜜蜡，色青黄，顶部褐
色斑纹，与青黄色过渡自然，肌理隐现浅色斑纹。
方形，汉印神韵。布章疏朗，印纹整体性强；刀法、
笔道方圆结合、隶篆风韵。外廓粗细相间，重点破击，
效果出乎意料。单面单刀线刻行楷体边款："仲军方
家正，苦李。"

吴仲坰（1897～1971年），字载和，亦曰在和，别
署仲珺、仲军，江苏扬州人。喜金石书画，善篆刻。
因治印师从李尹桑，故斋名曰"师李斋。"辑有《餐
霞阁印稿》《邵亭印存》等。

李苦李（1877~1929年），原名祯，字
晓湖，别号苦李，以号行。原籍浙江山
阴（今属绍兴），随祖客居江西南昌。
幼年丧父，家境贫困，却酷爱书画篆刻
艺术，亦能山水、人物、花卉。后师法
青藤、扬州八家与赵之谦。

127

钟刚中"陶隐居"白文青田石印章

民国十六年（1927 年）

长 1.9 厘米　宽 1.9 厘米　高 2.5 厘米

重 24.3 克

青田石。质地温润细腻，色青，肌理隐现白色斑纹。
方形，汉印韵味十足。布章疏朗相间，一角明快秀丽；
刀法和笔粗放老辣自然，书法风韵较强。宽窄适宜、规
整的边廓方中带弧，彰显古朴之风。单刀行楷边款："北
溟兄属刻，柔翁丁卯秋。"又另边款："壬辰十月廿九日，
次闲篆，予樵刻于退厂。"

陶祖光（1882 ～ 1956 年），字伯铭，又字北溟、伯溟。
江苏武进（今常州）人。工书画篆刻，精鉴别，曾任北
京故宫博物院书画顾问。著有《翔鸾阁金石文字考释》。
1931 年辑成《金轮精舍藏古玉印》。

钟刚中（1885~1968 年），字子年，号
梓堂，晚号梓公，又号柔翁，曾自刻印
曰"榕湖客"，广西南宁人。光绪甲辰
进士，工诗善画，书法朴厚雄实。治印
远师秦汉，推黄牧甫，然只略师其布篆
之妙。喜用切刀，所作状如屈铁，学浙
派而不为所囿

钟刚中"北溟珍爱"朱文寿山石印章

民国十六年（1927 年）
长 1.7 厘米 宽 1.7 厘米 高 3.6 厘米
重 28.6 克

寿山石将军冻。质地温润细腻，色白微黄，肌理隐现黄色斑纹。方形，汉篆、金文结合。布章疏密兼致，整体紧凑；刀法和笔道方圆结合，刚正不阿，极富书法风韵。边廓宽窄不一随意而安，营造出风格另类的篆韵。单刀线刻楷体边款："伯溟仁兄属，柔翁丁卯九月。"可知此亦钟刚中为陶祖光所治鉴藏印。

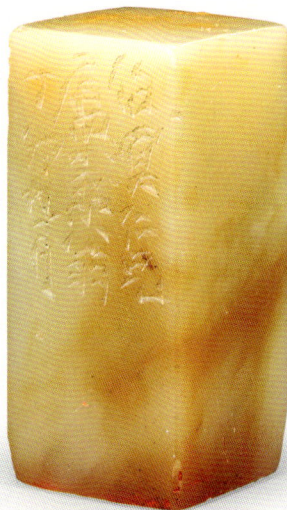

129

钟刚中"班香阁"白文寿山石印章

民国十六年（1927 年）
长 2.0 厘米 宽 0.9 厘米 高 3.5 厘米
重 12 克

白芙蓉寿山石。质地细嫩、纯净，色米白，微透明。长方形，狮形瑞兽钮。汉印变体。布章疏密有致，整体效果强烈；刀法和笔道方正遒劲，书法韵味极烈。边廓规整齐秀，与印纹形成鲜明的对比。单刀线刻行楷边款"北冥属，柔翁丁卯。"可知此亦钟刚中为陶祖光所治印。

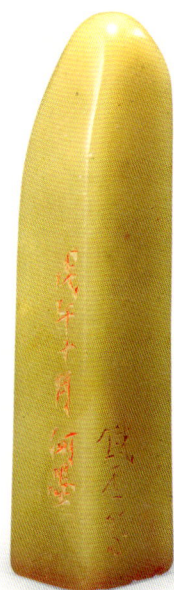

130

何墨"复公藏陶"白文青田石印章

民国七年（1918 年）

长 0.8 厘米　宽 0.8 厘米　高 3.8 厘米

重 6.4 克

青田冻石。质地细嫩、纯净半透明，青色，肌理隐现
白色斑纹。

方形，随形钮。汉印隶味风格。布章疏朗明快，整体
紧凑、对仗；刀法和笔道方正不阿，富有较强的书法
风韵。边廓宽厚，其上可见大小不一的击边，体现出
篆刻、书法两相宜的篆刻意境。双面单刀线刻楷体边
款："铁屋篆。""戊午十月，何墨。"

何墨（1895~？年），字秋江，江苏镇江人，
寓居上海。幼年从父在北京，游于吴观
岱、宣愚公、陈衡恪、姚华、丁佛言诸
人之门，文艺大进。工山水，擅篆刻，
书法，兼写花卉，亦别具风格。

何墨"芒父小令"朱文青田石印章

民国十八年（1929 年）

长 2.4 厘米　宽 2.4 厘米　高 6.2 厘米

重 97.5 克

青田石。质地温润细腻，色青，肌理隐现白色斑纹与深色纹理。方形，汉印风格。布章密集，整体紧凑；刀法和笔道粗狂豪放，随机老辣。边廓宽厚，其上可见大小不一的击边，以达到特殊的篆刻艺术氛围。单刀线刻楷体边款："芒父世丈正篆，己巳冬日。何墨。"

姚华（1876～1930 年），字一鄂，号重光、茫父，别号莲花庵主，贵州贵筑（今贵阳）人。清光绪三十年（1904 年）进士，戊戌变法时东渡日本，就读于东京法政大学。归国后曾任民国政府贵州省参议院议员，又任北京女子师范大学校长。学问渊博，诗词书画兼工，精研文字音韵学、戏曲理论，收藏金石碑刻，又精制铜墨盒，与陈寅生、张樾丞三人后世誉之为"近代刻铜三大家。"著有《弗堂类稿》《小学问答》等多种。

132

佚名"剑胆琴心室"朱文寿山石印章

晚清
长 3.6 厘米 宽 2.2 厘米 高 5.5 厘米
重 100 克

醉芙蓉寿山石。质地细腻，温润晶莹，色青白，另有红色相杂其间，
对比柔和，过渡自然。

竖向长方形，荷花薄意钮，此印用精工小篆，规范秀润。笔势
极尽了圆方、粗细、长短变幻，虚实有致，颇有图案装饰之美。
留白均等对称；刀法和笔道方正有力，一气呵成。

此为晚清海派名家蒲华之印，"剑胆琴心室"即其斋号之一。
蒲华（1832～1911 年），字作英，浙江嘉兴人，号胥山野史，
斋名九琴十砚斋、剑胆琴心室等，善花卉、山水，尤擅画竹，有"蒲
竹"之誉，与虚谷、吴昌硕、任伯年合称"海派四杰。"

徐心周 "潘兰泉"朱文寿山石印章

民国九年（1920 年）
长 2.0 厘米 宽 2.0 厘米 高 5.8 厘米
重 45.7 克

寿山石。质地温润细腻，色深青，间有白色斑纹。

方形，变体狮形兽钮。汉印、小篆结合。布章疏密相间、一角稍加疏朗；刀法和笔道方圆老辣。宽窄适宜的边廓与粗细分档的印纹形成特殊篆刻的艺术氛围。四面单刀深刻边款："上章芮汉东坡生日，顺德蔡子寒琼，不远千里索篆刻奉赠兰泉先生有道，印可娱人，徐心周并记于沪江客次。"据此可知，此印为顺德蔡守（号寒琼）请徐心周为潘兰泉所治。

"上章芮汉"属太岁纪年法，"上章"代表天干中的"庚"，"芮汉"即"涒滩"代表地支中的"申"，合起来即"庚申"。根据印章对应可知即 1920 年。

蔡守（1879 ～ 1941 年），字哲夫，号寒琼、成城子等，广东顺德人。近代诗人、博物学家，金石诗文书画兼善，南社社友，与黄节、苏曼殊、邓尔雅等名士相往来。著有《有奇堂诗集》《印林闲语》《说文古籀补》《画玺录》《寰宇访碑续录》《壶雅》《瓷人传》等杂著多种。

潘兰泉，香港北山诗社社员，诗社成立于 1924 年，多雅集于富商利希慎（1879 ～ 1928 年）的利园北山堂。社友主要有邓尔雅、潘兰泉、邹静泉、杨辉山、刘伯端、杨铁夫等。

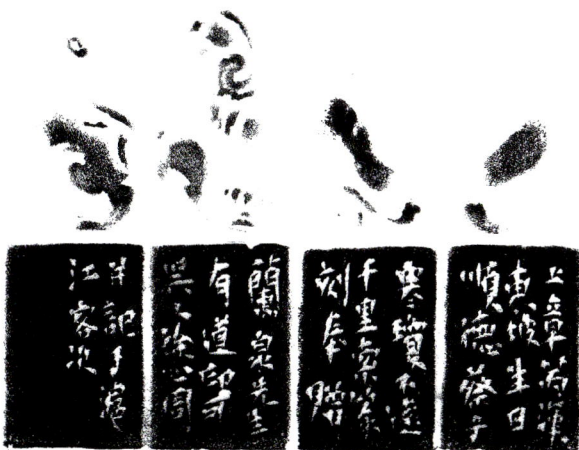

134

方介堪"伯裘别号倬盦 / 同治壬申邵章"朱白文青田石对章

民国二十八年（1939 年）

长 2.6 厘米　宽 2.6 厘米　高 5.6 厘米

重 109.4 克 / 109.1 克

青田冻石。质地温润细腻，色青，肌理隐现浅色斑纹。方介堪刻方形对章，一方"伯裘别号倬盦"朱文，汉印、小篆风格。布章密集紧凑，线条瘦劲，规整秀美，气韵非凡；单刀重刻楷体边款："己卯浴佛日作，时避乱马桥之霞碧山庄。介堪并记。" 另一方"同治壬申邵章"白文，汉印篆意风韵，布章疏朗密集相间，整体雄浑拙朴；单刀重刻楷体边款："倬盦先生命，方岩篆。"稍考证可知，这是晚清民国藏书家、版本目录学家邵章所用印。

邵章（1872～1953 年），字伯炯、伯絅，一作伯裘，号倬盦、倬安，浙江仁和（今杭州）人。光绪二十八年（1902 年）进士授翰林院编修，官至奉天提学使。民国后任北京法政专门学校校长，北京政府评政院评事兼庭长、院长等职。书擅行楷，精研金石碑帖，富收藏，创建"杭州藏书楼。"曾校刊《四库简明目录标注》，著有《倬庵诗文稿》《古钱小录》《云淙琴趣词》等。

方介堪（1901～1987 年），名岩，字介堪，浙江永嘉（今温州）人。精书法，有名于时。1920 年，从金石鉴藏家谢磊明治印。1926 年，随邑绅吕文起赴沪，师事鄞县赵叔孺，结识经亨颐、柳亚子、何香凝等文艺界名流，以刻玉印驰名上海滩，后入西泠印社，著有《介堪印存》《玺印文字别异》等。

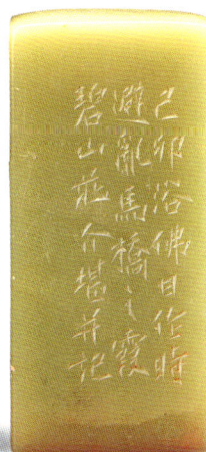

135

余鞠庵"六闲居士"朱文青田石印章

民国

长 2.0 厘米 宽 1.4 厘米 高 1.5 厘米

重 10.8 克

青田冻石。质地略粗，色浅褐。

平顶、印面及印体竖状长方形。阳刻汉篆体，章法留
白较多，布局疏朗；刀法老练流畅，气运贯通。边款
阴刻行楷："向岩尊兄正，菊安。"

余鞠庵（1907~1999 年），名潜，号菊安，又号
海棠花馆主，广东中山人。诗书画印兼善，画师
岭南卢振寰等，印则宗师黄牧甫、邓尔雅、易大
厂等，上追秦汉玺印，博取明清诸家，自成风格。
曾任中山市书法家协会顾问、中山市美术家协会
主席，广东省文史研究馆馆员，中国书法家协会
会员。后人辑有《海棠花馆印赏》。

136

佚名 “美士” 朱文寿山石印章

民国

长 2.5 厘米 宽 2.5 厘米 高 6.2 厘米

重 108 克

寿山石。质地细腻圆润，米黄色，肌理隐现红色斑点，
通体黑、褐色纹理。

方形平头钮，朱文“美士”布章古拙，汉印遗风。双
刀刻款篆书："邦之彦，国之光；大文有耀，令誉斯彰。"

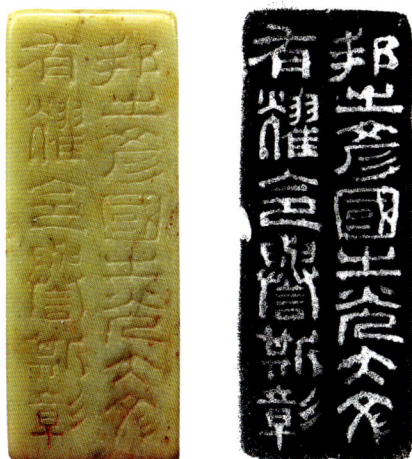

贾释"怡萱草堂藏/日东心藏"白朱文青田石对章

民国元年（1912年）
长 1.8 厘米 宽 1.8 厘米 高 3.9 厘米
重 36.9 克 / 37.3 克

青田冻石。质地温润细腻，色青白。规则正方形章，双层台博古纹印钮。

正方形对章，"怡萱草堂藏"白文，篆隶变体，汉风亦存。布章疏密有致，整体气贯神通；刀法方正，棱角分明、古朴沧桑，笔画方正有力。边廓修圆规整。四面单刀行楷边款："世人嗜印石者，竞尚田黄昌化，宝之如火齐木难，而不识青田之美，足见赏鉴之难。青田又以白色为贵，若冻石犹为无上上品，与灯光冻并驾齐驱，其质洁白如羊脂，无一瑕玷，奏刀如意，非深于此道者不知也。日东有道以弄藏二石属刻心赏书画之印，耸神为之，未知识者以为何如？壬子芳春节。清遣篆于息景蓬庐。"

"日东心藏"朱文，汉篆变体。布章疏朗气畅；刀法方正圆润，古韵清醇。外廓修圆规整，内廓象征性击边达到灵秀的艺术效果。三面单刀行楷边款："日东有道属篆心藏书画之章。壬子二月二日，贾释。"

"日东有道"即近现代岭南画派艺术家傅日东（1902～1974年），广东南海人。嗜美术与体育，初研汉画，继为春睡画院师从高剑父，善画佛像，工真草，曾入精武会任国术主任。新中国成立后任南海县政协委员。

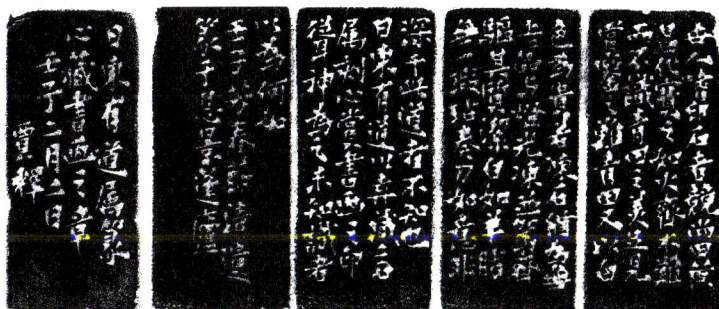

徐粲章"复堪学神谶碑"白文寿山石印章

民国二十五年（1936 年）

长 2.9 厘米 宽 2.9 厘米 高 3.6 厘米

重 81.8 克

寿山石将军冻。质地温润细腻，色黄微白，肌理隐现白色斑纹及纹理。

方形，汉印篆意。布章别有韵致，刀法古拙中见规矩，篆意取自三国东吴《天发神谶碑》，显示了别样的篆刻艺术风韵。边款铭文："复老命仿神谶碑意作印，愧未能得皇氏万一，仅可以傲钿阁女子耳。丙子十月十三日，北平寓舍并记，长沙女子徐粲章。"

印主"復堪"即罗复堪（1872 ~ 1955 年），名惇曧，字孝穀，又字子燮、季孺，号照岩、敷庵、复庵、复闇、复堪（一作复戡），别署悉檀居士、羯蒙老人、凤岭诗人，作画署名曼渊，室号三山栘，广东顺德人，为罗瘿公从弟，康有为弟子。曾就读于广雅书院，京师大学堂译学馆肄业。民国时在国立北平艺专及北京大学文学院执教书法，曾被誉为当时北京的"四大书家"之一。

徐粲章，生卒年不详，湖南长沙人，活动于清末民初年间，斋室名散朗轩，擅篆刻。其丈夫杨昭儁，字潜庵，斋名静乐宦，湖南湘潭人，精鉴别、富收藏、能刻印。入民国久居北京，与陈师曾、齐白石友善。有辑自刻印《散朗轩印存》。

佚名"三復白圭"白文青田石印章

民国

长 2.3 厘米　宽 2.3 厘米　高 4.6 厘米

重 69.8 克

青田冻石。质地温润细腻，红褐色青田冻石，肌理隐现褐色线纹及白色斑纹。

方形，留红疏密分档有致、红重白轻，巧妙有趣，刀法和笔道圆润细秀。

印文语出《论语·先进》："南容三复白圭，孔子以其兄之子妻之。"三国晏集解引孔安国语曰："《诗》云：'白圭之玷，尚可磨也；斯言之玷，不可为也。'南容读诗至此，三反覆之，是其心慎言也。"故印文亦取慎于言行之意。

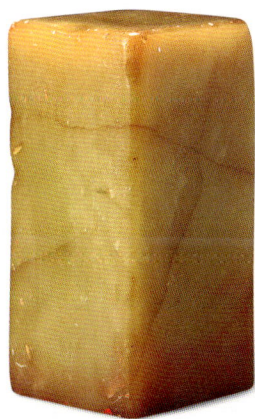

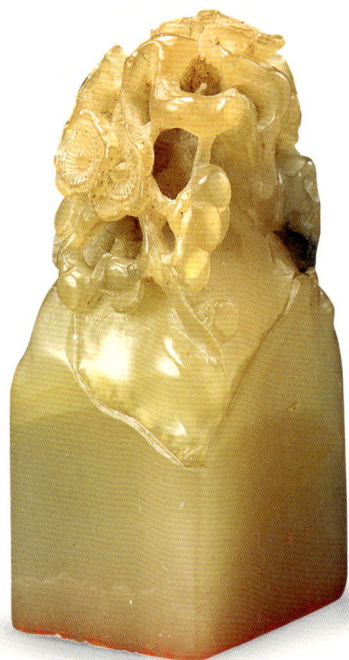

140

佚名"白马翩翩春草绿" 朱文寿山石印章

民国

长 3.1 厘米 宽 2.4 厘米 高 6.3 厘米

重 90.8 克

寿山冻石。质地温润细腻，色青微白，半透明，石中隐含碧色斑纹。

钮为镂雕梅花，枝叶相蕤，梅花簇簇茂盛。方寸间展现出一幅隽永的花卉小品。长方形，疏密有致，风格独到；刀法和笔道粗犷圆润，篆楷相间，隶味犹存。

语出唐刘长卿《献淮宁军节度使李相公》："建牙吹角不闻喧，三十登坛众喧尊。家散万金酬士死，身留一剑答君恩。渔阳老将多回席，鲁国诸生半在门。白马翩翩春草细，郊原西去猎平原。"

141

佚名"小黄花馆"朱文寿山石印章

民国
长 2.1 厘米　宽 0.8 厘米　高 3.6 厘米
重 15.9 克

白芙蓉寿山石。质地温润细腻，色微黄偏白，肌理隐
现深色纹理，色泽纯净，微透明。

长方形，瓦形钮。布章、留白疏朗大气，边廓方正；
刀法、笔道硬朗老辣，篆隶书法韵味浓厚。

印主"小黄花馆"即张寿龄（1870～？年），字筱松，
号澹如，室名"小黄花馆"，江苏武进人。早年留学
日本，历任天津知县、易州知州等职。辛亥后任北京
政府财政部次长，后任徐世昌总统府顾问。1922 年
创立烟酒商业银行。后任中华懋业银行经理。工书法。

佚名 "冰雪为心" 白文田黄石印章

民国

长 2.6 厘米　宽 0.5 厘米　高 3.0 厘米

重 8.7 克

田黄冻石。质地温润细腻，通体一色橘皮黄，半透明，肌理暗含萝卜纹，绵密而清晰。

长方形，夔龙纹薄意钮，小篆汉印结合，依章形布章，章法规矩；似汉铸白文印，亦浑厚古苍。刀法、笔道方圆秀美、运刀游刃有余。

143

佚名"真乐楼主璋韵合印"朱文田黄石印章

民国
长 1.9 厘米　宽 1.3 厘米　高 3.1 厘米
重 15 克

田黄石。质地温润细腻，通体一色橘皮黄，半透明，肌理暗含萝卜纹。

长方形，蛙、蛇薄意钮，小篆汉印结合恰到好处。单角留红重而醒目，布章字体疏密均衡、传统规矩；笔道方圆流畅，刀法游刃自如。

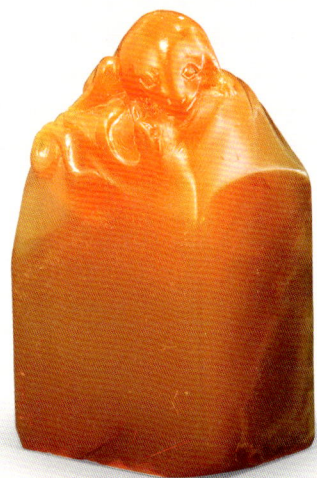

144

佚名"以意为之"朱文寿山石印章

民国
长 2.6 厘米　宽 1.5 厘米　高 3.1 厘米
重 23.7 克

白芙蓉寿山石。石质温润细腻，色青白，肌理隐含白色纹理。

椭圆形，硕狮变体瑞兽钮，小篆汉印风韵。布章字体对角疏密分档，突破传统风格；刀笔方圆流畅，行运自如。

佚名"心茹校读"白文寿山石印章

民国
长 2.0 厘米　宽 1.5 厘米　高 3.7 厘米
重 31.5 克

白芙蓉寿山。质地温润细腻，色青白，肌理隐含若干黄色纹理。

长方形，四字印文结体布章疏密有致，前呼后应，神形兼备而贯通；用刀则苍劲有力，具憨朴天然之美。刻意作出另类效果，而边框规整秀丽。

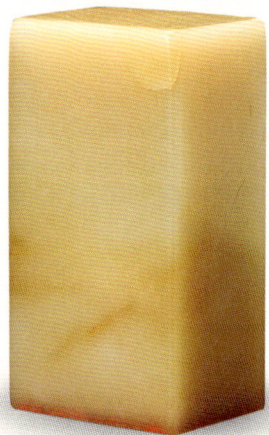

佚名"少衡"朱文寿山石印章

民国
长 1.1 厘米　宽 1.1 厘米　高 3.5 厘米
重 10.1 克

寿山石。质地温润细腻，色青白，肌理隐含若干白色斑点及冻带。

方形，随形钮，小篆变体风格。二字印文结体疏密有致，笔画圆转流畅，孤笔布章，线条匀整，整体飞动艺术感强；刀笔方正圆润，舒展自然，边框细秀，外圆润、内击边。

147

佚名"居敬"白文寿山石印章

晚清
长 1.2 厘米　宽 1.2 厘米　高 3.5 厘米
重 11.7 克

寿山冻石。质地温润细腻，色青，半透明，肌理隐含
若干白、黄色斑点。

方形，小篆变体风格。布章、字体疏朗，留红空间大，
但整体艺术亦强；刀笔圆润，针对性地修正字体笔画，
以达到篆刻效果。边框平直圆滑整齐。

语出《论语·雍也》："居敬而行简，以临其民，不
亦可乎？"此或为晚清民国书法家王居敬自用印。王
居敬（1851～1911 年），字惠直，山东胶东人，擅
长真行草，有名于时，曾任雷阳书院主讲。

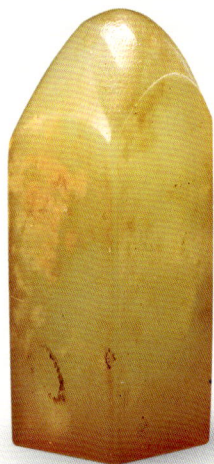

148

佚名"禹襄金石"朱文青田石印章

民国
长 2.6 厘米　宽 2.5 厘米　高 2.2 厘米
重 37.4 克

青田冻石。质地温润细腻，色青，肌理隐含棉絮
状纹。

方圆结合，小篆汉印变体风格；精于布白，使整
体产生浑厚古朴艺术效果。方圆相融，有秦汉瓦
当印特色。

此印是民国时期王禹襄的一方自用印。

王禹襄（1870～1935 年），字适安，又字渔湘，
号惜庵，斋号"清绪经舍"，浙江四明（今宁波）人。
治印宗浙派，尝有《<吴让之印存>跋》文云"惟
在浙派之爱次闲与让翁有同心。"存世有《王禹
襄印谱》。

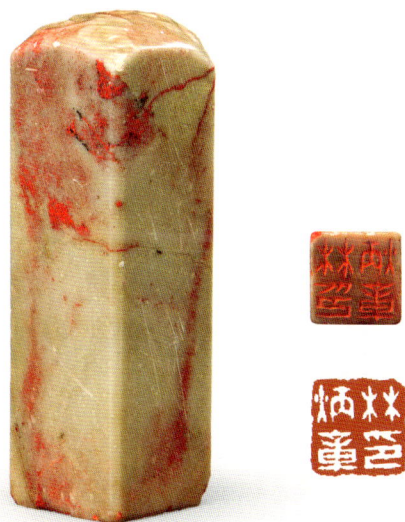

149

佚名"林昆"白文楚石印章

民国
长 2.0 厘米　宽 2.0 厘米　高 6.1 厘米
重 60.2 克

楚石。质地温润细腻，色黑。

方形，螭虎相争双兽钮。印章顶部一侧浮雕二兽。
二字小篆、汉印风韵。布章中规中矩，粗细均等；
古拙朴实的刀法与笔道相辅相成。

150

佚名"林炳章印"白文昌化石印章

晚清民国
长 1.2 厘米　宽 1.2 厘米　高 4 厘米
重 16.5 克

昌化石。质地温润细腻，色青灰，夹杂朱色纹理，
二色对比柔和，相间自然。

方形，变体瑞草薄意钮。篆、汉印变体风韵。布
章疏朗宽阔；尖首尖尾的刀笔显得另类。大面积
的留红烘托了白文的异韵。

此为林炳章一枚自用印。林炳章（1874～1923
年），字惠亭，福建侯官县（今福州市）人，林
则徐曾孙。清光绪二十年（1894 年）进士，累迁
至翰林院编修。曾受命为钦差大臣回闽考察宪政。
民国后曾任福建省财政厅厅长。

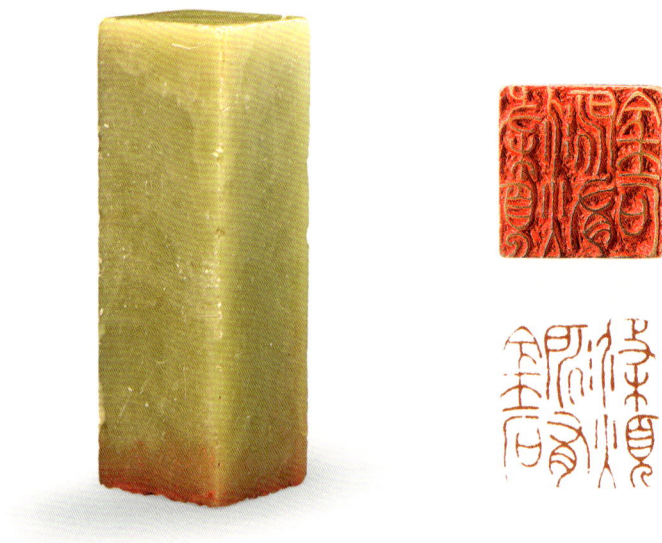

151

佚名 "涤烦所有金石" 朱文青田石印章

民国

长 2.3 厘米　宽 2.3 厘米　高 6.9 厘米

重 103 克

青田石。米灰色。

方形，小篆。小篆、汉印结合，整体气贯神通，极富书法之美感。边廓上击出毛边和破边，达到了特殊的篆刻艺术效果。此为近代艺术家俞涤凡所用鉴藏印。俞涤凡（1884～1935年），名明，以字行，一字涤烦。浙江吴兴（今湖州）人。幼年在上海习水彩画，后专学陈洪绶、任伯年人物画，亦工肖像和花卉，尤擅仕女画。1912年为《天铎画报》作者。1919年为上海西洋美术团体天马会会员。

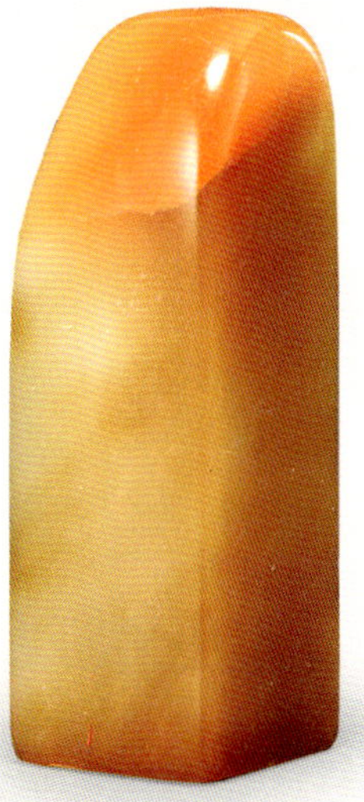

152

佚名“一琴道人”朱文寿山石印章

民国
长 1.2 厘米 宽 1.2 厘米 高 3.5 厘米
重 13.7 克

寿山石。质地温润细腻，有白、黄二色，二色间杂融合，对比柔和，过渡自然，肌理隐现深色纹理。

方形，随形钮。汉印、黑体结合。布章疏朗为主，整体一气贯通；端庄凝重；刀法娴熟老辣。边廓方圆厚重，富有艺术感染力。此为近代艺术家李耕自用印。

李耕（1885～1964 年），字砚农，号一琴道人、大帽山人等，堂号菜根精舍，福建仙游县人。擅长古典人物、山水花鸟画，兼通书法、诗文、金石、雕塑、弦琴等。曾任福建省美协副主席、省政协委员、文史馆员等。

153

佚名“敝帚”白文青田石印章

民国
长 2.1 厘米 宽 2.4 厘米 高 3.7 厘米
重 50 克

青田石。质地温润细腻，色青黄，肌理隐现白色斑纹。

方形，汉印韵味。方框中为疏朗的布章，飘逸明快；刀法老道。边廓方中带弧，其上可见重点击边，以达到石破天惊之效果。

语出晚唐黄滔《代郑郎中上静恭卢相》：“只眄高车而激切，空持敝箒以屏营。”

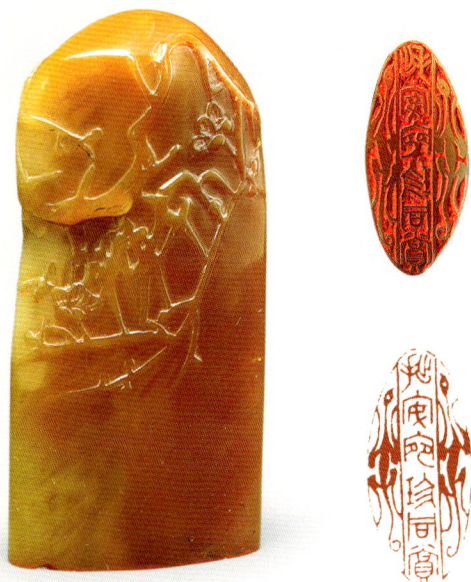

154

佚名"拙安宛珍同赏"朱文寿山石印章

民国

长 3.2 厘米　宽 1.5 厘米　高 6.6 厘米

重 52.5 克

寿山石。质地温润细腻，色以褐黄为主，另有青白色，两色对比柔和，过渡自然。

不规则椭圆形。梅花山石薄意钮。小篆、汉印意韵并存。采用内长方框、外神兽纹饰加边廓布章。外廓双螭相围，中部印纹古朴秀丽，刀法弯曲舒展。细窄的边廓烘托整体篆刻之魅力。

155

昂道人"文采"朱文青田石印章

民国

长 2.9 厘米　宽 1.5 厘米　高 4.4 厘米

重 33 克

青田石。质地温润细腻，色泽纯净，米黄色。梅花、山石纹薄意钮。二字单行上下竖读"文采"，布白均匀美观，刀法干练老道，笔道粗拙古朴，刚柔并济，内击边自然。边款："昂道人刻"。从风格上看或亦是钱葆昂所刻治。

钱葆昂"六朝如梦鸟空啼"白文青田石印章

民国

长 2.8 厘米 宽 2.8 厘米 高 3.1 厘米

重 60 克

青田石。石质精纯细嫩，地细腻坚硬，整体纯紫色，夹带淡色纹理。

随形钮，方形，汉印金文变体，章法疏密相间，布局灵活多变，刀法古拙平和。单刀行草边款："仲子先生正，葆昂。"

语出晚唐五代诗人韦庄《台城》"江雨霏霏江草齐，六朝如梦鸟空啼。"

"仲子先生"即近代著名艺术家杨仲子（1885～1962年），原名祖锡，以字行，号石冥山人、一粟翁，江苏南京人。精于西方音乐，又雅号全石书画，与陈师曾、徐悲鸿、寿石工等相往来，尤醉心于篆刻、重篆籀学养与金石之学。曾任国立音乐学院院长，新中国成立后任南京文物保管委员会主任。曾自辑有《漂泊西南印集》等。

钱葆昂，民国年间人，号立庵，江苏泰兴人。工书、画、篆刻，山水画名家胡佩衡之弟子。

驭臣"家在三山五水间"朱文青田石印章

1974 年
长 3.2 厘米　宽 1.3 厘米　高 7.4 厘米
重 84.8 克

青田冻石。质地细腻，温润光洁，半透明青黄色，肌理隐现暗红色纹理。

单边平弧顶、印面及印体竖状长方形。阳刻汉篆体，章法留白均匀，疏朗有致；刀法圆润流畅，粗圆干练，规正贯通。边款阴刻楷书："甲寅冬日，驭臣作。"

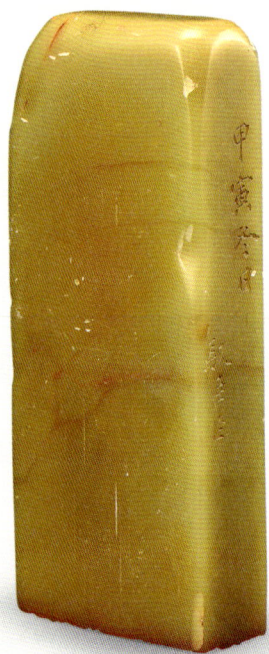

佚名"拙盦"朱文水晶石印章

民国
直径 1.3 厘米　高 2.0 厘米
重 7.2 克

水晶石。整体呈圆柱状，透明。

圆形。小篆、汉印意韵并存。布章疏朗密集并存，整体章法中部紧凑规矩，外缘疏朗明快；刀法自然，游刃有余。光滑平整的边廓，显示秀丽美观的篆刻艺术韵味。此或为晚清刘燕翼用印。

刘燕翼（生卒年不详），字襄孙，号拙盦，浙江仁和（今杭州）人，光绪二十一年（1895 年）进士，散馆授翰林院编修，外官任上海道道台，兼任苏松太兵备道。

方去疾"盟心金石千秋在"朱文青田石印章

1962 年
长 2.4 厘米 宽 2.4 厘米 高 5.3 厘米
重 84 克

青田石。质地温润细腻，色青，肌理隐现白色斑纹。
方形，汉印篆意与钟鼎文变体结合。布章疏密得当，
整体规矩古拙，运刀干练老道。单刀线刻边款："乾
德楼主属刻，壬寅天中节，去疾。"

方去疾（1922~2001 年），原名正孚，
号心斋、四角草堂、岳阳书楼等，浙江
温州人。二十世纪中国印学名家，生著
述颇丰，编订《明清篆刻流派印谱》，
填补明清五百年印学史的研究空白。曾
任西泠印社副社长、中国书法家协会副
主席，上海书法家协会副主席、上海市
文联副主席。

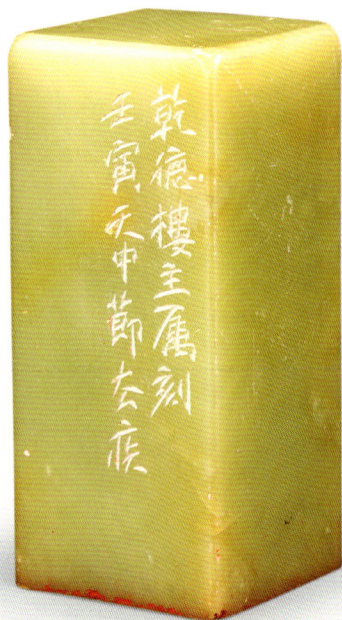

160

佚名"得一知音良不易"白文寿山石印章

当代

长 3.2 厘米　宽 2.2 厘米　高 4.1 厘米

重 80 克

醉芙蓉寿山石。质地细腻，朱红色间有青、白色斑块，对比柔和，相互融合。

长方形，汉印、隶篆意韵并存。布章疏密有致，整体章法古拙规矩，刀法方圆雄浑朴茂。规整边廓上有的放矢地击边，显示了稳重大方的艺术韵味。

论 文

篆刻应注意的问题

用一把刀、一方石，刻上我所需要的文字，算不算是篆刻呢？不能！因为其中有不少的学问和艺术技巧，要加以研究。汉扬雄说："雕虫篆刻，壮夫不为"，说明他不懂篆刻，不懂篆刻在艺术上占有的地位，所以轻视这门科学。我把扬雄的话反了过来："雕虫之技，壮夫难为"。篆刻比书法难，方寸之石，而欲安排二至五、六字，可以想象其不易也。

一、鉨与印的区别及其年代

鉨为玺字的初文，因用铜铸成，故其字从金。在秦朝以前，帝王及一般人使用的印信，包括官印在内皆称鉨，没有印这个名称。及至秦始皇，才规定人君用的称鉨，臣下用的称印。这一制度，在整个封建社会皆如此。

鉨，三千多年前已有。自从殷墟发现了鉨，才推翻鉨始于春秋的说法。鉨的面积小，要容纳两个或两个以上多至六七个字，势必将繁杂的文字，尽量减少其笔划，成为一种独树一帜的字体——鉨文。

二、篆刻首先要识字

学习篆刻首先要识字。篆文不能大量掌握，即使印章刻得熟练，还不能说懂得印学。因此，须学习篆书。写篆书从小篆入手，基本功是写《峄山碑》。打好基础再兼及金文，不懂金文无法刻鉨文。许慎的《说文解字》要读，其好处在于能全面了解篆、隶、楷三者偏旁有不同的写法。不能以隶楷结构任意翻成篆文，如市政的"市"作"常"，沛县的"沛"从"市"，其篆文作"𣲏"，与"市"（古"韍"字）的篆法"巿"皆不同。春、奉、秦、奏的头部，如一概其余，则大错特错。熟读《说文解字》，不但可以减少刻印中的误字，还可以帮助我们少写错、别字，一举两得。

三、执刀与运刀

书法有执笔法与运笔法，刻印亦然。执刀虚拳实指，与执笔同（但遇特殊情况，如攻坚，就要把刀握实，与写榜书，五指齐力抓着斗笔柄相似）。刀之与石，犹笔之于纸，

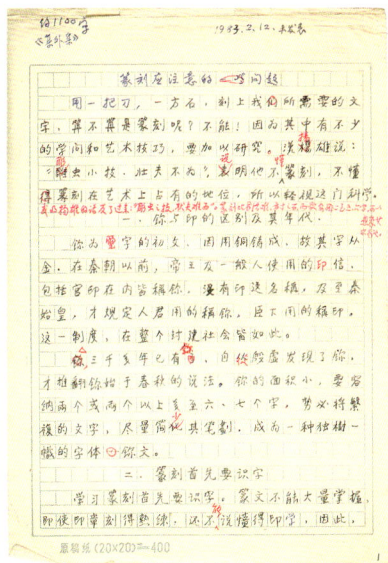

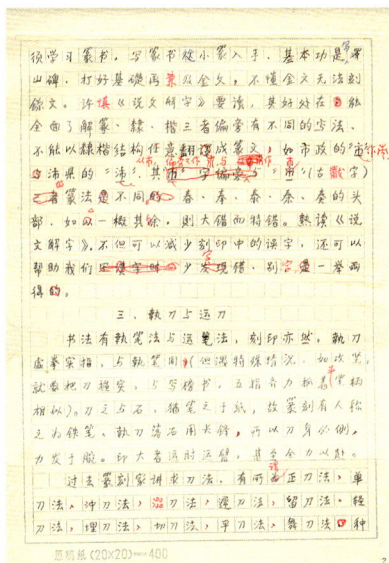

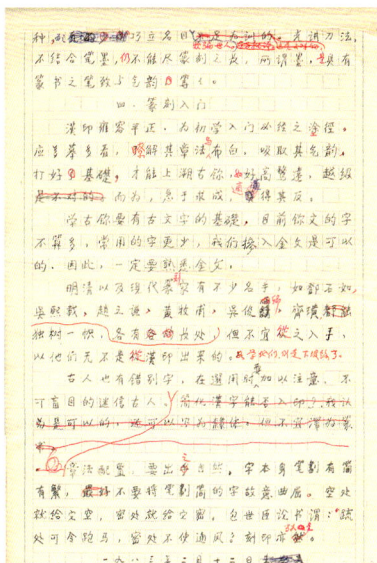

商承祚《篆刻应注意的问题》手稿

故篆刻有人称之为铁笔。执刀落石用尖峰，所以刀身必侧，力发于腕。印大者运肘运臂，甚至全力以赴。

过去篆刻家讲求刀法，有所谓正刀法、单刀法、冲刀法、涩刀法、迟刀法、留刀法、轻刀法、埋刀法、切刀法、平刀法、舞刀法种种，为之巧立名目欺骗世人。光讲求刀法，不结合笔墨，仍不能尽篆刻之长，所谓墨，是具有篆书之笔致与气韵等等。

四、篆刻入门

汉印雍容平正，为初学入门必经之途径，应多摹多看，了解其章法与布白，吸取其气韵，打好基础，才能上溯古钵。如好高骛远，越级而为，急于求成，必适得其反。

学古钵要有古文字的基础，目前钵文的字不算多，常用的字更少，我们掺入金文是可以的。因此，一定要熟悉金文。

明清以及现代篆刻家有不少名手，如邓石如、吴熙载、赵之谦、黄牧甫、吴俊卿、齐璜，各有长处，独树一帜，但不宜从之入手。以他们无不是从汉印出来的，学他们，则走下坡路了。

古人也有错别字，在选用时要加以注意，不可盲目地迷信古人。章法配置，要出之自然。字本身笔画有简有繁，不要将笔画简的字故意屈曲。空处就给它空，密处就给它密。包世臣论书谓："疏处可令跑马，密处不使通风"。刻印亦当如是。

商承祚
一九八三年二月十二日

编者按：此为商承祚教授的一篇遗作未发表，手稿由商尔从提供。

锲而不舍　金石可镂

——记祖父金石篆刻方面的成就

祖父商承祚先生（1902～1991年），字锡永，号弩刚、蠖公、契斋、六囿散人，室名决定不移轩、楚簉簃。广东番禺人[1]。生前为中山大学一级教授，首批博士生导师，也是我国著名的古文字学家、考古学家、文物鉴藏家、书法篆刻家。

祖父自幼承家学，在其伯父商衍瀛先生[2]及其父亲商衍鎏先生[3]等祖辈指导下学习。21岁师从罗振玉先生、王国维先生，出版中国最早的甲骨文工具书《殷虚文字类编》，后为北大研究所国学门研究生。23岁始先后任教于东南大学、中山大学、北京大学、清华大学、北京师范大学等知名学府。一生出版专著十五部，及上百篇颇具学术价值的研究性论文和札记。

商氏是广州驻防八旗的后裔，清光绪二十八年壬寅（1902年）正月廿八日，祖父出生于广州八旗驻防汉军驻地的纸行街莲花巷。在其父商衍鎏先生中探花后举家迁至京城。然而辛亥年的一场革命，改写了祖父及商氏家族的命运。民国元年（1912年）初，商衍鎏先生及商衍瀛先生在京城先后辞官，携家眷移居到青岛德租界，因此地对前朝官吏、旗人相对安全。四月商衍瀛先生在青

岛特别高等专门学堂（Deutsch-Chinesische Hochschule）任中文总教习[4]，而远在德国的汉堡殖民学院（Hamburgische Kolonialinstitut，汉堡殖民学院是汉堡大学的前身）汉学家奥拓·福兰克（Otto Franke，1863~1946）委托青岛特别高等专门学堂校长奥尔格·凯贝尔(Georg Keiper) 物色一位中文总教习，经窦学光先生[5]的推荐，商衍瀛先生面试后被录用，签约聘期四年，并于民国元年（1912年）5月14日启程前往德国汉堡殖民学院任教。

祖父的母亲谈绥玉女士是光绪九年（1883年）癸未科进士谈国政先生[6]的长女，她的祖父为广州驻防镶白旗、正蓝旗汉军协领兼管正黄旗佐领谈广楠先生[7]。谈绥玉女士因患上严重肺结核病，在商衍鎏先生携长子往德国任教后，祖父与其大姐商婉若女士一同侍母返乡广州居住，民国元年（1912年）农历五月五日谈绥玉女士病故在青岛至广州的海轮上。祖父的大姐机智瞒过船员的查房，姐弟两人在海轮上陪伴母亲的遗休直到广州由谈氏亲属接下船。商衍瀛先生返粤与谈氏亲戚办理好弟妹的丧事后，携年仅10岁的祖父返回青岛，祖父的人生历程再次经历重大的转折。在青岛祖父白天在邻居家的私塾寄读，

晚上回到家里，对家里的《说文解字注》及《积古斋钟鼎彝器款识》爱不释手，他对古文字、书法及治印篆刻方面的兴趣爱好由此得到了启蒙。"民国三年（1914年）第一次世界大战爆发，翌年，日本侵入青岛，伯父率我们避地青州，转徙曲阜，在孔庙见到累累的汉碑及篆书况其卿坟坛刻字等，爱好甚，开始学篆隶。早在八九岁时，见书斋悬有孙星衍(字渊如，乾隆十八年1753年生，嘉庆二十三年1818年卒，六十六岁)篆书联，喜其笔势缭绕美观，结体匀称，在不断瞻仰下，或指划肚揣摩其文，或临摹以肖其形，至亲朋家，见壁上悬有篆书轴，字虽不识，必徘徊其下不忍去。在曲阜，从劳健（字笃文，浙江桐乡人，音韵学家，拼音文字提倡者，民十年卒，享八十八岁）学刻印，日摹汉印十余方。复积一月早点钱（五十枚铜板）于街头买得'繇通之印'铜印以示笃文，他查了下桂馥（字未谷，乾隆元年公元1736年生，嘉庆十年1805年卒，七十岁）的《缪篆分韵》曾收入此印，乃悬诸腰间，以示庆幸"。[8]

青年时期，祖父致力于金石玺印收集和印谱的制作。民国十三年（1924年）祖父与罗福成、罗福葆、罗福颐三兄弟合著有《古陶轩秦汉印存》二册。虽然《古陶轩秦汉印存》收录的金石玺印不多，但却是在罗振玉先生亲督墨拓下完成的，因此选制严缜，印刷精丽，钤印初版仅打印五十套。当时黄宾虹先生正研究古玺汉印，黄宾虹先生在上海难购，于是来函索求，鉴于他与罗振玉先生昔日间有书信往来，亦属私交笃厚，奉师之命，祖父为宾虹先生邮寄了一套，从此祖父与黄宾虹先生联络不断。时二十出头的祖父和已逾六十宾虹先生也就成了忘年之交。

之后在民国二十三年（1934年），有《契斋古印存》（钤印本）八册，收集金石玺印873方[9]。民国二十五年（1936年）又成《契斋古印存》十册，收集金石玺印961方。柯昌泗先生[10]在《契斋古印存》的序中，有以下评价："君审定古印，浏览谱录，凡陕西、山东、塞上及直省所出，靡不赅洽。博识前人之所已见者，而精选前人之所未见者，盖诸册之菁华，皆采获于所藏"。祖父不但自己身体力行，而且鼓励"同道中人"，广集金石玺印，并制作成印谱，供以后古文字及史学研究。例如，受祖父的影响，北京琉璃厂古光阁学徒萧康民[11]有《康民集古印存》十二册，合计1098方[12]。

自 1939 年至 1949 年在四川、贵州期间，被祖父自喻为人生"最倒霉的时期"，既没有著作出版，也没有发表过几篇重要论文，学术成绩最少，也是一生中生活最不安定的时期。但在这个时期，祖父却在书法和篆刻创作上收获较为丰盛。祖父常去古玩商店，练书法，收集文物字画，开个人书法展览，在治印篆刻艺术方面，也取得了进步。容庚先生[13] 在《甲骨文概况》一文中的"第二章作家"部分，简述当时甲骨文研究的有关学者，其中有介绍祖父在甲骨文方面的研究成果，及记述了容庚先生与祖父的交往和祖父在治印方面的成绩："去年春，余至重庆，商氏方卸盐署职归自贵阳。自谓学不进而刻印则工，以数印示余，聚首数日而别"。[14] 家族捐赠给中山大学图书馆的十余枚祖父自刻印中，有边款日期的大都是在 1942 年至 1947 年之间，也证实了这点。

多年来大量的金石玺印收集与分类研究，使他对篆刻治印艺术和玺印的文化内涵上，有了深刻的认识并逐步形成了独立的见解。同时，金石玺印的研究对他的古文字研究起到了很好的促进作用。自 1960 年代开始，祖父逐步将他对治印的心得整理并传授给篆刻爱好者，1960 年代初也曾受关山月先生的邀请，到广州美术学院为中国画系的学生讲授篆刻艺术课程。《学习篆刻要注意哪些问题》一文正是出自这个时期，该文系统地从玺印的类别及其年代划分、篆刻与古文字学的关系、执刀与运刀的方法、如何循序渐进地入

门这四个方面，论述了学习篆刻的要领。作为古文字学家，他从文字学的角度说明识篆、写篆以及熟读《说文》的重要性，以及三者之间的依存关系。认为：学习篆刻先认篆字，学篆最好是先学写小篆，写小篆最好是从《峄山碑》入手，反复临摹，有了一定的篆书基础再写金文。只有懂得金文，才能谈得上刻古玺。但仅写《峄山碑》还是不够的，还须熟读《说文》，这样不但掌握小篆的正确写法，又可了解篆、隶、楷的偏旁区别，以防用隶楷的形体结构互相"张冠李戴"造成错误。另外，他也特别强调篆刻时入印文字的正确性，他曾经在《羊城晚报》上刊登了一篇题为"治印防止刻错别字"的文章，认为"入印的字多少各异，篆体与安排，要求匠心独运，但首要的是不能写错字，如有错字，即使章法刀法皆臻上乘，亦会因一点之瑕玷及全局"。[15] 祖父治学严谨，《康熙字典》、《新华字典》为他案头必备之书，不确定的字词一定要查清楚。1980 年代初祖父的晚年时期，更是经常受邀外出传授书法篆刻技艺与学问，在大陆及香港地区颇具影响力。由于祖父在篆刻方面的影响力，1963 年他被推选为广东书法篆刻研究会的副主任委员，1983 年又担任西泠印社理事及顾问。

祖父早年收藏的千余方玺印的去向，祖父曾有过说明："记得 1937 年春，经叶恭绰先生介绍，上海市博物馆馆长胡肇椿来南京与我商议，拟购我收藏的逾千方印玺。当时虽以我购入的三分之一价格支付，所幸这些印

玺至今尚保存在博物馆。但年冬季，由于南京沦陷，日军屠城，在金陵家中所藏数千件文物，皆成灰烬。"[16]祖父去世后的二十年间，姑母志男、伯父志馥及先父志醰三姐弟为妥善处理祖父遗留下来的文物而尽心尽力，秉承祖父"藏宝于国，施惠于民"[17]的教导，将所余文物捐赠给深圳博物馆、中山大学图书馆、南京太平天国历史博物馆等。捐赠给深圳博物馆的173方鉨印中，大部分的收藏经历已无从考究，大多数应来自北京琉璃厂古玩商店，和广州文德路、西来初地的古玩商店。其中有一方1955年得于北京的吕留良象牙印的来历，祖父曾有过题识，他尤其珍爱，"不仅重其物，更敬重其人也"[18]。从题识中，不难看出祖父的价值观和收藏的特点，以及对历代治印特征了如指掌。

我自小与祖父一同居住，在1968年12月，父母被下放到英德"五·七"干校，我与祖父一同度过一段相依为命的日子，虽当时年纪还小，但有些片段点滴，依然记忆如新。小学四年级时候，我从当时的中大西南区76号乙楼下的木棉树干上，割下一个瘤刺，磨平后让祖父在上面给我写了个"商"字，然后自己雕刻成木头"印章"，成为自娱自乐的"玩具"，当年颇受同学们的羡慕。现在这个木头"印章"依然保存在我的书柜里。祖父在晚年很少再研究金石玺印，藏品也封存在书桌最下面的抽屉里。由于视力下降，祖父在晚年也很少进行篆刻创作，祖父最后一方自刻印是刻于1976年3月，印文"世上

无难事只要肯登攀"出自毛主席的《水调歌头·重上井冈山》中的诗句[19]。在1976年3月的某天，晚上9点多祖父书房的灯还亮着，我好奇走进他的书房，看见他眼上夹着放大镜手持刻刀在刻印，就问他那么晚了还不休息，他说："在刻印，毛主席的诗，世上无难事只要肯登攀"。原来祖父是以毛主席的诗句入印，作为座右铭自勉。努力钻研、锲而不舍，正是祖父在学术上博大精深、贡献卓越的根本原因。

祖父所藏捐赠给深圳博物馆的173方玺印的出版，从构想到归类整理、钤印成谱、拍照、考证、编写到出版，自2004年冬起历经近十三年。先父志醰先生为整理、出版事宜四处奔波、协商、绞尽脑汁，先后得到表叔罗随祖先生及中山大学图书馆馆长程焕文教授、林明副馆长的鼎力支持。2009年7月1日先父因操劳过度辞世，众亲友深感悲痛，愚儿更因未承家学甚感愧疚，但承诺尽力将遗留事情妥善处理。自2010年5月以来，多次奔走于广州和深圳间，幸得中山大学图书馆馆长程焕文教授、深博老馆长黄崇岳先生、杨耀林先生及现任馆长叶杨先生、副馆长郭学雷先生的厚爱，使该书的出版得以推进。中山大学图书馆李锦文先生印拓技艺精湛，对该书的出版起了关键性的作用。深博资深馆员黄诗金先生及黄阳兴博士等也为该书的编写出版付出了辛勤的劳动。黄诗金先生对于本书的出版更是全身心投入，精益求精地对每方玺印进行了度量，对印文、边款配以释文、

对玺印的主人、治印者等进行了详细考证，并亲自摄影，黄诗金先生的摄影技术及对光线的把握，更使方寸之石焕发出灵光异彩。

商氏家族希望通过本书的出版，使祖父所倡导的"藏宝于国，施惠于民"理念得以弘扬，并使玺印这种中国特有的文化艺术精髓在二十一世纪继续发扬光大。再次向在本书出版过程中付出过辛勤劳动和深切关注的各界人士表示衷心的感谢！

2011 年 2 月新春第一稿
2017 年 8 月初秋修订
商尔从于中山大学蒲园

注释：

[1] 商氏原祖籍辽宁沈阳，明末清初商氏先祖从军被编入正白旗汉军，从龙入关驻防京师。康熙二十一年（1682 年）商氏迁粤先祖驻防广州，籍贯上开始使用"广州驻防正白旗汉军人籍"。民国后废除八旗制度，商氏改称"番禺"人。1951 年 7 月根据公安部颁布实施的《城市户口管理暂行条例》，商氏户籍填报使用"广东番禺"籍贯至今。现今广州驻防旗人后裔大部分户籍填报均使用"广东番禺"或"广东南海"两籍贯。

[2] 商衍瀛（1871~1960 年），字云汀，号丹石，赐进士出身。清代为广州驻防正白旗汉军人籍，民国后改称广东番禺人。清光绪二十九年癸卯科二甲第十八名。曾任翰林院编修加侍讲衔、国史馆协修、文渊阁校理、京师大学堂教务提调、翰林院秘书郎、资政院钦选议员等职，为大学分科教育制度做出过贡献；1924 年受溥仪委派至奉天会办内务府皇产事宜，后奉派赴热河任清室办事处总办；1929 年任天津红卍字会名誉会长负责赈灾事宜；"七·七"事变后以老请辞，从事社会慈善活动；1956 年任中央文史研究馆馆员。

[3] 商衍鎏（1875~1963 年），字藻亭，号又章、冕臣，晚号康乐老人。清代为广州驻防正白旗汉军人籍，民国后改称广东番禺人。清光绪三十年甲辰科一甲第三名（探花），赐进士及第。1906 年被派日本东京法政大学补修科留学；后任翰林院侍讲衔撰文、国史馆协修、实录馆总校官等职；1912 年应聘德国汉堡殖民学院（汉堡大学前身）教中文；1916 年回国后任大总统府谘议、江西省财政特派员、国民政府财政部秘书等职；1927 年后隐居鬻字为生；新中国成立后任江苏省文史研究馆首任馆长、中央文史研究馆副馆长等职。著有《清代科举考试述录》《太平天国科举考试纪略》《科举考试的八股文》《商衍鎏诗书画集》等。

[4] 褚承志：《青岛特别高等专门学堂》，《山东文献》（季刊）第六卷第四期，第 37 页，

一〇八

1981 年 3 月 20 日出版。青岛特别高等专门学堂为大清国与德国于 1909 年在青岛合办的高等学校，德文校名为 Deutsch-Chinesische Hochschule,也称"德华大学"，该校也被视作今日青岛大学的前身。

[5] 窦学光（1873~1938 年），字斗权，清代为广州驻防镶蓝旗汉军人籍，民国后改称广东南海人。广东同文馆及京师同文馆毕业生，柏林大学法科修业生。曾任青岛特别高等专门学堂通译并兼教法政科各课程、代理总稽查等职。

[6] 谈国政，镶白旗汉军人籍，同治十二年（1873 年）癸酉科举人，光绪九年（1883 年）癸未科进士，三甲第六十二名，赐同进士出身，即用知县。直隶州知州，广东连州知州，广州候补知府。

[7] 谈广楠，咸丰骁骑校，同治协领，光绪蓝翎卓异记名镶白旗、正蓝旗汉军协领兼管正黄旗佐领。纂修续修《驻粤八旗志》任提调。广州同文馆提调，青州都统。

[8] 商承祚：《我的大半生》，载《商承祚文集》，第 521 页，商志馤编，中山大学出版社，2004 年。

[9] 冼玉清：《广东印谱考（校订本）》，第 36 页，程焕文主编，文物出版社，2010 年。

[10] 柯昌泗（1899 ~ 1952 年），字燕舲，号谧斋，山东胶县人。近代北方著名史学家柯劭忞长子。精于史学以及金石研究。著有《后汉书校注》《谧斋印谱》《鲁学斋金石记》《传习录注》《三国志集释》等。

[11] 萧康民（1915~1950 年），字寿田，北京琉璃厂古光阁学徒。

[12] 商承祚：《康民集古印存序》，《商承祚文集》，第 228 页，商志馤编，中山大学出版社，2004 年。

[13] 容庚（1894~1983 年），本名肇庚，字希白，号颂斋，广东东莞人。著名古文字学家、书法篆刻家。

[14] 容庚："甲骨文概况"，《岭南学报》第七卷第二期，岭南大学，1947 年。

[15] 商承祚：《治印防止刻错别字》，1982 年 8 月 20 日，《羊城晚报》"读者作者编者"栏目。

[16] 商志男、商志馥、商志馤：《永恒的怀念》，广东省博物馆、广东民间工艺博物馆、深圳市博物馆编，《商承祚先生捐献文物精品选》，岭南美术出版社，1998 年。

[17] 原为"藏宝于国家，与民共享用"，商志馤先生后修订。见商承祚：《我的大半生》，商志馤编，《商承祚文集》，第 527 页，中山大学出版社，2004 年。

[18] 王贵忱：《吕留良的一方名印》，《广东艺术》2001 年第 2 期，第 46 页。

[19] 1976 年元旦《人民日报》《红旗》杂志、《解放军报》发表了毛主席在 1965 年写的词二首：《水调歌头·重上井冈山》和《念奴娇·鸟儿问答》，同时发表了以"世上无难事只要肯登攀"为题的元旦社论。

契斋藏明清印章艺术探微

深圳博物馆 黄诗金

  中国篆刻艺术源远流长，先秦秦汉古玺印标志着实用篆刻艺术的成熟，质地多为金、铜、玉与陶。经过六朝隋唐与宋元近千年实用印章的发展，到了明中叶以后，以文彭为标志的使用石质参与制作用印的文人篆刻兴起。"篆刻"一词最早见于明嘉靖年间徐官所著《古今印史》，此前多称"琢玺""铸印""制宝"等。明代中后期，阳明心学与复古思潮兴盛，个性解放思潮与自由思想觉醒，随着古书画鉴藏的兴盛，篆刻逐渐进入文人艺术，文人积极治印并主导了篆刻艺术的发展，文人印章著述亦蔚为大观，印与诗文书画渐成一体。

  深圳博物馆收藏了近现代著名古文字学家、考古学家与书法篆刻家商承祚教授契斋藏明清文人印章。商承祚（1902~1991年），字锡永，号契斋，师从罗振玉，酷爱金石器物与书画篆刻，近现代成就卓著的金石学者，富收藏，尤嗜书画篆刻及古器物，且大多都捐赠给了国有博物馆，深圳博物馆便有幸成为其中重要的收藏单位。1992年后，商承祚先生家属遵照其父遗愿分批向我馆捐赠明清

重要书画与古器物300余件组；2006年，商氏家属又再一次将契斋藏明清文人印章共计173件组全部捐赠我馆，加上屡次捐赠的其他历代文物，前后总计530件组之多，使我馆成为岭南地区收藏明清书画篆刻的代表性博物馆之一。

  这批印章是现当代金石学者具有一定体系性和学术性的印章收藏，更是研究传统文人篆刻艺术的重要实物资料。契斋藏印多为明清以来名家之作或名家用印，文化艺术价值内涵丰富，造型印材丰富多样，可以说是一部微缩的明清篆刻艺术史。这批印章类别上有姓名章、斋号章、雅趣闲章，也有鉴藏印、吉语印、诗词隽语章等多种；材质上则不乏珍贵的田黄石、寿山石、昌化石、青田石、象牙、水晶、琉璃等；造型上多方圆与椭圆，印钮雕刻多有奇思，囊括山水鱼虫、吉祥祝福等多种题材，颇具古朴典雅的艺术气息（图1）。

  这批藏印更是商承祚先生致力于金石学研究的成果之一，内含明清诸多大家之作，如明中后期的王宠、何震；明末清初的程邃、

图 1 契斋部分藏印组合图

傅山、周亮工、朱彝尊等；清乾嘉以降的高凤翰、邓石如、陈鸿寿、赵之琛、徐三庚、蒲华、黄士陵等诸名家；晚清民国则有吴昌硕、陈衡恪、齐白石等，岭南地区则有何昆玉、杨其光、徐新周、易大庵、邓尔雅、李尹桑等。这些大多是具有杰出成就与影响力的艺术大家，且多具有丰富的边款信息，也为研究篆刻内涵提供了珍贵的补充信息，彰显了一代金石学者的学术兴趣，由此亦可感知商承祚教授精审的品鉴能力。鉴于此，本文拟就契斋所藏明清文人印章的特色与价值做一梳理。

一、明中后期至明末清初印章

明中后期文人学者成为篆刻艺术的主要力量，以文彭为代表的吴中文人开启了明清文人篆刻的新时代，印坛逐渐形成了以文彭、何震、苏宣、汪关、朱简等为核心的五大派

别。明后期篆刻家多以印谱传世，而流传至今的实物印章却甚是罕见，后世模刻者颇多，诸如文彭、何震之作尤其如是。契斋藏印中便有传世颇为罕见的王宠与何震等明人印章，值得玩味。

（一）明中期至清初名家印章

王宠（1494~1533 年），明代早中期著名书法家，字履仁、履吉，号雅宜山人，吴县（今属江苏苏州）人。博学多才，工书画篆刻，精通六经，诗文声誉名满吴中，行草尤为精妙，与祝允明、文徵明并称"吴门三家"，著有《雅宜山人集》。晚明学者邢侗《来禽馆集》称："履吉书元自献之出，疏拓秀媚，亭亭天拔，即祝之奇崛，文之和雅，尚难议雁行，矧余子乎？"王宠在篆刻方面也追求疏淡空灵的魏晋风致。契斋藏明王宠"天地入胸臆，吁嗟生

图2 王宠 "天地入胸臆 吁嗟生风雷" 朱文寿山石印章

图3 何震 "冷暖自如"
白文寿山冻石印章

风雷"朱文寿山石印章（图2），篆隶结合，粗犷有力，刀法犀利，印面边款单刀阴刻楷书"天地入胸臆，吁嗟生风雷"，一面则刻楷书款"吴郡雅宜山人王宠作"，书法清雅醇正，晋唐遗韵。篆文原典出自盛唐诗人孟郊诗作《赠郑夫子鲂》："天地入胸臆，吁嗟生风雷。文章得其微，物象由我裁。宋玉逞大句，李白飞狂才。苟非圣贤心，孰与造化该。勉矣郑夫子，骊珠今始胎。"王宠传世藏印不多，契斋所藏王宠所治诗文印具有重要的艺术与研究价值。

文彭（1498~1573年）被后世誉为文人篆刻艺术的开山鼻祖，而何震则是文彭师友中最杰出的篆刻代表。何震（1522~1604年）是篆刻流派的开山祖师，著名篆刻书法家邓散木所著《篆刻学》将明清印人流派划分为："曰皖、曰歙、曰浙、曰邓、曰黟山、曰吴、曰赵。"其中首推何震为皖派，然后依次是浙、邓、黟山、吴、赵诸派，而这些流派多为何震传派或者分支，明代篆刻大家文彭也与何震篆在师友之间。

何震（1522~1607年），字主臣、长卿，号雪渔，徽州婺源（今江西婺源）人，寓居

金陵，与文彭交情深厚，被誉为篆刻"海内第一"，徽派篆刻艺术的开山祖师。何震能"法古而不泥古"，融秦汉铸印之浑厚端庄、凿印之犀利峻迈，猛利刚劲，情韵盎然，著有《续学古编》《印选》等。契斋藏印中何震款"冷暖自知"白文寿山石印章（图3），采用寿山冻石，质地凝润细腻，篆印运刀淋漓痛快，盘虬屈曲，可以窥见汉玉印的遗韵。其边款以独特的单切刀刻出"雪渔为湘兰仙史作"，棱厉沉厚，运刀气韵贯通，浑然一体，富于烂漫之气，具有很高的艺术性。现藏西泠印社的何震传世名作"听鹂深处"，该印边题款"王百穀兄索篆赠湘兰仙史，何震"，可知这是万历初年名士王稚登情何震刊刻并赠给"秦淮八艳"之一马湘兰的印章。马湘兰是晚明具有传奇色彩的秦淮才女，契斋藏印边款显示此印是何震为马湘兰所治。若此印无疑问，亦当是具有极为重要的历史与艺术价值。

另有两方明人印也颇值得注意。其一，贞吉"春山翠遶"朱文寿山石印章（图4-1）。此印采用汉印龟钮，刻画生动，其趣盎然，印文篆书"春山翠遶"四字，刀法娴熟，苍劲拙朴。边款以隶书刻"春山翠遶"，行楷题

刻"嘉靖四年三月十五日，篆于爱月楼中戏笔。贞吉"，"贞吉"未详名氏，边款中还有商承祚特别刻铭"契斋藏"，以显示其对此印的重视。其二，克生"万壑松涛"朱文青田石章（图4-2），同样是汉印龟钮，章法疏密相间，刀法古拙平和，又有行楷边款："崇祯五年五月端阳日，篆于西湖草堂。克生"。目前尚未查考到这两方印的具体情况，但从形制与印风上看仍可能为晚明的遗物。

周亮工是明末清初最具代表性的人物之一。契斋藏周亮工"草草了事"朱文寿山石印章（图5），汉篆印文，章法灵动，刀法圆润，侧刀楷体边款"赖古堂集印。栎园"。周亮公（1612~1672年），字符亮，号陶庵、栎园、适园等，江西金溪人，寓居金陵，清初历官户部侍郎等职，著名文学家、篆刻家与收藏家，著有《赖古堂印人传》《赖古堂印谱》等重要篆刻艺术著作。该印章可谓周亮工存世篆刻的重要实物。

程邃（1607~1692年）是徽派篆刻"宗室"中占有独一无二显著位置的艺术大师，能诗善书，工篆刻，取决汉印，刀法凝练，强调笔意，与文彭、何震等人并驾齐驱，更是完成明末清初篆刻艺术转型的核心人物，存世篆刻也极罕见。程邃博学好古，诸如诗文、书法、绘画、收藏、金石考证、医道诸方面皆有成就。契斋藏程邃"蕉林居士"和"恒山梁清标玉立氏图书"朱文青田石对章（图6），边款"垢道人程邃"，这是为明末清初著名文学家、书画鉴藏家友人梁清标所治印章，且常见于梁氏鉴藏书画中。梁清标（1620~1691年），字玉立，号棠村、蕉林，斋号秋碧堂，河北正定人。明崇祯十六年（1643年）进士，清顺治元年（1644年）授编修。官至户部尚书、保和殿大学士。书画鉴藏的一代大家，金石文字、书画、鼎彝之收藏富甲海内，所著《蕉林诗集》《蕉林文稿》等行世。此方印章整体方圆兼备，极尽精微，汉印遗风，具有程邃典型破残痕迹。清初程邃与梁清标、周亮工以及万寿祺、陈子龙、吴梅村等一批晚明遗民皆交好，其所用印也多出自程邃之手，尤其为梁清标治印多方。程邃尤其注重古玺的价值并运用于篆刻艺术之中，开宗立派，其篆刻风韵跨越明清两代，影响了近一百余年的篆刻风气。很显然，商承祚先生是经过审慎研究后才收藏此方名家名人对章，为研

图4-1 贞吉"春山翠遮"
朱文寿山石印章

图4-2 克生"万壑松涛"
朱文青田石章

图5 周亮工"草草了事"朱文寿山石印章

图6 程邃"恒山梁清标/蕉林居士"朱文青田石印对章

图7 傅山"山"朱
文青田冻石印章

图8 佚名"吕留良印"
朱文象牙印章

究篆刻艺术提供了极为重要的实物资料。

傅山"山"朱文青田石印章（图7）。傅山（1605~1690年）是明末清初负有盛名的学者与书法篆刻大师，字青竹，别署石道人，号啬庐、朱衣道人，山西阳曲人。康熙十八年（1679年）诏举鸿博，称疾固辞，特加内阁中书。书名最盛，篆隶真草皆精，富收藏金石，精鉴别，尤精篆刻。著有《霜红龛集》。契斋藏"山"字印章是傅山自用印，边款"朱衣道人"即傅山名号。傅山有著名"四毋"艺术理论："宁拙毋巧，宁丑毋媚，宁支离毋轻滑，宁直率毋安排。"其以篆隶八分之法，运笔转折活泼，这方"山"字藏印体现得尤为明显。

当然，明中晚期至清初名家印篆存世极为珍罕，传承有序与有确切可靠纪年或作者铭款的标准物十分难得，清以来仿刻与伪款又甚多，一定程度上也造成了甄别的困难。本书收录虽经相关专家鉴定，但明至清初部分名家作品仍可进一步探讨与商榷。

（二）明末清初佚名刻名人用印

吕留良象牙印是一方极珍贵的明末清初文人印。吕留良（1629~1683年），字庄生，号晚村，别号南阳布衣、吕医山人等，是明末清初杰出的学者、思想家与诗人，博学多才，富藏书与砚，明亡后隐居。雍正十年因弟子

曾静案被剖棺戮尸，著述悉遭焚毁，子孙、门人等遭杀戮流放者众多，成为震惊一时的文字冤狱。著有《吕晚村先生文集》《东庄诗存》等。吕留良存世文物极罕见，上海博物馆藏其所用砚台，此方"吕留良印"朱文象牙印则是其自用印（图8），吕留良也善篆刻，藏砚尤其丰富，此方印章很可能也是其自刻，尤为珍贵。象牙印最早出现于汉代，唐宋皆以为私印。明中后期，随着文房清供类的象牙制品兴盛，象牙印也开始进入文人视野，上海博物馆藏文彭"七十二峰高处"即经典之作。商承祚先生对此印极为珍视，1962年，商承祚还将此印章拓印并作题识寄赠友人王贵忱，此中亦可见商老之性情与志趣（图9）[1]。

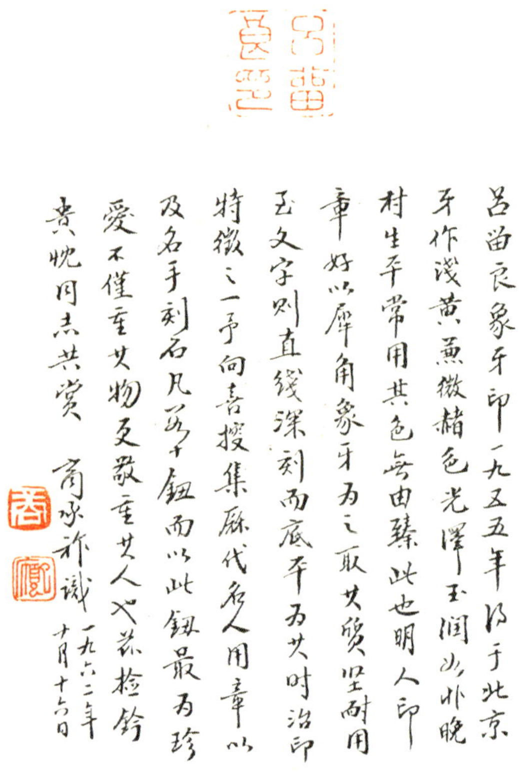

图9 商承祚"吕留良印"拓片题识 王贵忱藏

二、清早中期与中晚期印章

清代篆刻艺术初期多承明中晚期文人遗风。乾嘉朴学盛行，促使金石考古之学勃兴，嘉道以来碑学由是中兴，篆刻艺术从考古学中不断汲取营养，也由此发展到新的美学境界与高峰。清代篆刻艺术流派纷呈，涌现出一批开风气的篆刻艺术大师，主要为南北二宗，即以扬州为中心的新徽派和以杭州西泠八家为代表的浙派，也有邓石如派、赵之谦派、黄士陵黟山派、吴熙载派，学者多受碑学思想影响，专研金石碑刻学问，精于考古，历代古物如商周钟鼎彝器、战国秦汉古玺印与秦汉瓦当、封泥、汉魏六朝碑刻、诏量古泉、画像砖石等诸多相关金石艺术皆为篆刻所吸收，大大开拓了篆刻艺术的审美境界。正如赵之谦《苦兼室印论》中云："刻印以汉为大宗，胸中有数百颗汉印，则动手自远凡俗。然后随功力所至，触类旁通，上追钟鼎法物，下及碑额造像，迄于山水花鸟，一时一事，觉无非印中旨趣，乃为妙悟。"[2] 契斋藏印章也以金石碑学风气影响下的篆刻艺术为核心，涵盖了大多重要篆刻家的相关作品，因此具有重要的艺术鉴赏与学术研究价值。

（一）清早中期名家印章

朱彝尊"物我有情欢喜世界 / 身心无病烟火神仙"朱白文寿山石双面章（图10），此方印章是双面篆刻的重要文人所用对章。朱彝尊（1629~1709年），字锡鬯，号竹垞，浙江秀水（今嘉兴市）人。清初著名的文学家、学者、藏书家，康熙十八年(1679年)举博学鸿词科，以布衣授翰林院检讨，充《明史》纂修官。朱彝尊学识渊博，通经史，精于金石考据，诗词兼工，浙西词派的创始人，诗与王士禛齐名，时称"南朱北王"，与程邃、郑簠、周亮工等明末清初书画家等交善，著有《经义考》《日下旧闻》《曝书亭诗文集》等。此印书体娟秀亮丽，刀法细腻，合乎秦汉之法，又富有文人气息，朱彝尊又作篆书边款："其眉寿子子孙孙永宝用。竹垞"，篆文与边款也反映了朱彝尊修身养性并以传子孙的精神追求。其下有商承祚题刻"契斋藏"，足见商承祚先生对此的肯定与欣赏。

高凤翰是清中期声名卓著的书画篆刻艺术家。高凤翰（1683~1749年），字西园，号南村，山东胶县人。篆刻艺术个性鲜明，印风大气磅礴，师法秦汉，直追本源。清代著名篆刻理论家魏锡常《论印二十四首》中评其篆刻曰："咄咄尚左生，琢印如琢砚。石质具堕剥，字形随转变。乱头粗服中，姬姜终婉娈。"契斋藏高凤翰所治"江光彦印"白文寿山石印章（图11），古拙汉印之风可窥见一斑，双刀篆书刻款"西园高子凤翰题"

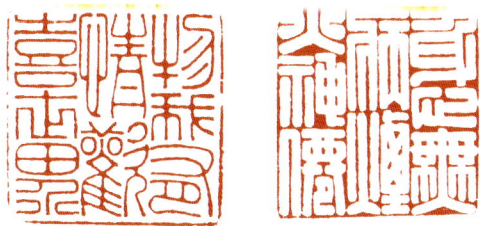

图10 朱彝尊"物我有情欢喜世界/身心无病烟火神仙"
朱白寿山石双面章

图 11 高凤翰"江光彦印"白文寿山石印章

图 12 邓石如"执中"朱文青田冻石印章

图 13 陈豫钟"大泉居士"白文寿山冻石印章

也显得苍劲雄浑。江光彦，字笔山，江苏兴化廪生，工诗善书，篆刻尤奇古，高凤翰可能与之有往来。高凤翰印风源自程邃开创的徽派篆刻艺术，又与张在辛共同"开齐鲁印派之先河"。阮元《广陵诗事》载："郑板桥印章皆出沈凡民、高西园之手。"

邓石如是清中期篆刻艺术转型与开宗立派的大师。邓石如（1743~1805 年），字顽伯，号完白山人、龙山樵长，安徽怀宁县人，工书法篆刻，集篆书之大成，著有《完白山人篆刻偶存》。邓石如深受金石碑学启蒙思想的影响，将碑刻书法意趣融入治印中，并以圆劲取胜，绰约多姿，开创了崭新手法的篆刻艺术。吴熙载褒扬其："以汉碑入汉印，完白山人开之，所以独有千古。"契斋藏邓石如所治"执中"朱文印章（图 12）充分体现了"印从书出"的篆刻道路，朴茂雄浑，率真洒脱。邓石如以碑刻书法融入篆刻艺术，具有全新的开创意义，此后吴让之、徐三庚、赵之谦、吴昌硕、黄士陵都受邓石如的强烈影响。

（二）清中后期名家印章

清代中后期篆刻艺术最重要的事件是

清乾嘉年间浙派篆刻的形成与崛起，并由此直接开启了近代篆刻，至今仍是最主流的篆刻流派。浙派篆刻以杭州为中心，又以"西泠八家"即丁敬、蒋仁、黄易、奚冈与陈豫钟、陈鸿寿、赵之琛、钱松影响最为深远。尤其是丁敬深受乾嘉朴学滋养，宗法秦汉，遍历宋元，融前代篆刻于一炉，开启了切刀治印的浙派，其质朴秀雅之美，一扫印坛皖派末流庸俗之气，成为新时期篆刻美学的核心审美。契斋藏印中即包含了西泠后四家及陈豫钟、陈鸿寿、赵之琛、钱松的重要作品，尤其以赵之琛篆刻最多。

陈豫钟"大泉居士"白文寿山石印章（图13）。陈豫钟（1762~1806 年），字浚仪，号秋堂，浙江钱塘（今杭州）人。精于金石文字和古器物的研究，收藏书画、古砚甚富，精于墨拓。西泠八家之一，服膺丁敬，参以汉印法，著有《古今画人传》《求是斋集》等。此方"大泉居士"印章布局疏密有致，刀法严谨，秀丽工致，边款刻"秋堂作"，手法娴熟。"大泉居士"尚未考得详名，从名称上看也是一位雅好古泉收藏的文人雅士。

陈鸿寿是西泠八家中颇负盛名的一代篆刻大师。陈鸿寿（1768~1822 年），字子恭，号曼生、种榆道人，浙江钱塘（今杭州）人。嘉庆六年（1801年）拔贡，诗书画兼工，篆刻取法秦汉，兼习丁敬与黄易，刀法纵肆爽利，曾作宰宜兴，创制紫砂壶，著有《桑连理馆集》《种榆仙馆印谱》。契斋藏陈鸿寿所治"蜗庐旧旁吴宫住脂粉溪头春水香""无乃太简""寿宇逢辰"三方印（图14），章法浑然天成，线条方折雄健，朴拙古厚，方寸之间可谓游刃有余。值得一提的是，陈鸿寿不仅在治印方面对后世影响深远，而且对宜兴紫砂艺术的开创与发扬也贡献卓著。

赵之琛是浙派篆刻艺术界中最具代表性的大师级人物。赵之琛（1781~1852年），字次闲，号献父、献甫，斋号补罗迦室，钱塘（今浙江杭州）人。嗜金石书画，尝为阮元《积古斋钟鼎彝器款识》摹写文字，兼工书画篆刻，隶楷尤精，西泠八家中最

具代表性的人物之一，著有《补罗迦室印谱》。篆刻艺术娴熟老辣，深得浙派碎切刀法的古拙浑朴之美。契斋藏印中赵之琛所治共四方，分别是"少宰私印""王沆之印""玉昆父/刘崐之章"（对章）四方印章，章法整稳而姿态雅致，刀法爽快锐利，笔意挺健，石崩处显古拙韵味。

赵之琛"玉昆父/刘崐之章"朱白文寿山石对章两方（图15-1），此印是道光二十九年（1849年）赵之琛为晚清政要、学者湖南巡抚刘崐所治。赵之琛刻边款"己酉嘉平，次闲仿汉"，另一面则商承祚先生题刻，考证刘崐生平官历。刘崐（1810~1887年），字玉昆，号韫斋，云南景东人，道光二十一年（1841年）进士。历官翰林院编修、内阁学士兼礼部侍郎，官至湖南巡抚，与曾国藩、郭嵩焘等交善，书学颜真卿，森张浑厚，著有《岳麓续志补编》《刘侍郎奏议》。

图14-1
陈鸿寿"蜗庐旧旁吴宫住脂粉溪头春水香"白文青田石印章

图14-2
陈鸿寿"无乃太简"白文青田石印章

图14-3
陈鸿寿"寿宇逢辰"朱文寿山冻石印章

图15-1　赵之琛"玉昆父朱文/刘崐之章白文"寿山冻石对章

图15-2　赵之琛"王沆之印"白文昌化鸡血石印章

图15-3　赵之琛"少宰私印"白文昌化石印章

图 16 钱松"四会严氏根复
所藏"朱文寿山石

图 17 -1
翁大年"萦春蚴绾秋蛇"
朱文寿山石印章

图 17-2
翁大年"空斋昼静闻登登"
朱文寿山石印章

另一方赵之琛"王沆之印"白文昌化鸡血
石印章（图 15-2），赵之琛刻边款："次闲仿汉，
铸印于退盦中"。王沆（1809~1862 年），陕
西蒲城人。字静溪（小厓），著名东阁大学士、
军机大臣王鼎之子，清道光二十年（1840 年）
进士，翰林院编修。

赵之琛"少宰私印"白文昌化石印章（图
15-3），此印是赵之琛为晚清大臣蒙古花沙纳
所治私印，石质佳品，汉韵浓厚，单刀楷书
边款："法汉印不难形似而难神似，此印为
松岑少宰仿汉，其何如，以教之。次闲"。
花沙纳（1806~1859 年），乌米氏，字毓仲，
号松岑，清蒙古正黄旗人。宣宗道光十二年
（1832 年）进士，翰林院学士，历官至福建
巡抚、吏部尚书。花沙纳工诗文书画，善鼓筝，
著有《出塞杂咏》《东使吟草》《韵雪斋小草》
等诗文集。赵之琛与文人官员之间往来尤厚，
这三方印都是为朝中名臣与政要所治。

钱松"四会严氏根复所藏"朱文寿山石（图
16），此即咸丰八年（1858 年）为严荄（字根复）
所治。钱松（1807~1860 年），字叔盖，号耐
青，晚号西郭外史，浙江钱塘（今杭州）人。

善鼓琴，工书画，精铁笔，藏古碑旧拓皆有
题跋。尝手摹江氏汉铜印丛，赵之琛叹为丁敬、
黄易后一人。晚与杨岘、僧六舟等结社南屏。
契斋藏此方印章有钱松刻边款："根复癖书
画收藏极富，刻此用充清秘。戊午冬叔盖"，
可知严荄书画收藏甚富，此印即其鉴藏书画
钤印。严荄，字根复、甘亭，广东四会人，
曾于同治甲子（1864 年）集拓刊印《钱叔盖、
胡鼻山两家刻印》，此印谱由吴云、应宝时、
蒋敦复、胡公寿有序跋，于篆刻艺术影响颇大。
钱松与严荄关系甚密切，且存世多方印章为
严氏所刻。如钱松所治"严荄之印"青田石
印章，其边款文曰：

"粤友严甘亭，原名应棠，自以门祚衰薄，咸
丰戊午冬，更其名曰荄，于阴阳消长之几，取义
甚宏，属刻私印，为仿汉作，不敢率尔，以副更
名之始事云，叔盖。"

又见有钱松所治"严荄藏真"青田石印章，
其边款文曰：

"根复嗜书画而品题极真，鼻山尝与我言，

清秘之富，每思慕之。戊午冬，客沪上索观，谓予曰，宋元诸家流传极少，赝本日多，莫云唐矣，所收悉有明国初物，皆当时惬意笔，此论即可见其精严，秉烛披赏，其扇册五十，尤为出色之品，令人眷眷，因赠此印记之，在坐秀水周存伯、富阳胡鼻山，叔盖刻。"[3]

另据晚清张廷济考释，严荄辑《张叔未解元所藏金石文字》。可见严荄在晚清与浙派篆刻艺术传播中发挥了很重要的作用。

翁大年"萦春蚓绾秋蛇"朱文寿山石印章（图17-1）。翁大年（1760~1842年）是清中后期金石篆刻的代表性人物，字叔均，号陶斋，江苏吴江人。工书法篆刻，行楷师从翁方纲，笃嗜金石考据，刻印取法秦汉古玺印，结体工致妥帖，边款多作小楷书。著有《古官印志》《陶斋金石考》《陶斋印谱》《秦汉印型》等多种。契斋藏翁大年"萦春蚓绾秋蛇"朱文寿山石印章，语出《晋书·王羲之传》中"行行若萦春蚓，字字如绾秋蛇"之句，刀法苍劲有力，金文风韵醇厚，气贯神通，用此印有拟古自谦之意。另一方契斋所藏翁大年"空斋昼静闻登登"朱文寿山石印章（图17-2），其边款阴刻楷书："空斋昼静闻登登，东坡句也。刻充寿卿先生文房，吴江翁大年"。据此可知该印乃为"寿卿先生"文房用章，据笔者考证，此"寿卿先生"应是晚清著名金石收藏家陈介祺（字寿卿）。据陈育丞（陈介祺曾孙）介绍，故宫博物院藏清代杨澥、翁大年、王石经三家作品中都有给陈介祺的刻印，翁大年"陈介祺印"朱白文青田石印便是陈

氏著名的自用印之一，篆法深得汉印精髓（陈育丞《记王石经治印》，《文物》1963年第10期，第35~38页）。陈介祺（1813~1884年），字寿卿，号簠斋，山东潍坊人，著名金石学家与收藏鉴赏家，道光二十五年（1845年）进士，工书法篆刻，举凡书画、铜器、玺印、石刻、陶器砖瓦、铜镜、造像无不精研，著有《簠斋金石文字考释印集》《簠斋吉金录》《簠斋藏古玉印谱》《十钟山房印举》等数种，影响百年来金石学术之研究。据罗福颐《古玺印概论》中云："咸丰、同治以后，金石学盛行，有翁大年、王石经、胥伦等人出，始仿汉铸印，视其为陈介祺所治诸印，能紧随汉人步武。"[4]翁大年是陈介祺早年学术上的挚友。陈介祺视翁氏为"南中金石交"的重要友人，可谓忘年交，不仅请其刻印也收藏其篆印。陈介祺晚年多从先秦鼎彝器中求变，认为翁大年"刻印无误字而拘，未得汉法"[5]，亦可理解。要言之，契斋藏这方闲章也是一方极重要的藏印，为研究翁大年篆刻艺术及其与陈介祺之间的交往提供了重要实物材料。

（三）清晚期名家印章

晚清是国际形势风云变幻与政治、文化激荡变革时期，李鸿章所谓"三千年未有之大变局"。学术界碑学思想深入传播，金石之风占据主流。契斋藏印中徐三庚与黄士陵等都是晚清印坛的代表人物。

徐三庚是近现代篆刻艺坛上的重要人物，传世刻印不多，学者多据印谱进行研究，而

图 18-1
徐三庚"湘西贺瑗秘籍书
画印"朱文寿山石印章

图 18-2
徐三庚"嘉禾征瑞"朱文
寿山石印章

18-3
徐三庚"双桐书屋"白文
青田石印章

18-4
徐三庚"寡过未能"朱
文青田石印章

18-5
徐三庚"贺氏汝定珍藏"
朱文寿山石印章

18-6
徐三庚"昇运／绍农"白
朱文青田石两面印

契斋藏徐三庚刻印多达八方，大多具有边款署名，具有重要价值，深圳博物馆乔文杰做了专门的研究，值得借鉴[6]。徐三庚（1826～1890年），字辛谷，浙江上虞人。号井罍，别号金罍山民、似鱼室主等。徐三庚上溯秦汉，下逮元明，得益于两汉碑额及三国东吴《天发神谶碑》，取法浙、皖两派，纵横逌逸，风格飘逸俊秀，自成一家。据乔文研究，契斋藏徐三庚所治"湘西贺瑗秘籍书画印"（图18-1）"嘉禾征瑞"（图18-2）两方朱文寿山石印以及"双桐书屋"白文青田石印（图18-3）、"寡过未能"朱文青田石印（图18-4），皆为湖南善化著名藏书家贺瑗所治，飘逸妍美，刀法精熟，笔势酣畅，汉印之风浓郁。

贺瑗为嘉道年间人，字学蓬，号仲肃，一号啸楼，湖南善化县（今长沙）人，著名学者贺熙龄次子、贺长龄侄，出身书香世家。贺瑗藏书处名啸楼。"湘西贺瑗秘籍书画印"印章上有徐三庚刻边款："粗朱文与细白文钤之，有损书画，为米老所呵。凡作收藏印，当仿秦人篆。斯不玷污名迹。丙寅嘉平月上虞徐三庚识。"由此可知是印刻于同治五年（1866年）十二月初，且能反映出徐氏对秦篆的推崇，也是其篆刻艺术思想的重要体现。此前所见贺瑗藏书印有"善化贺瑗所藏书画印""啸楼""善化贺瑗印""仲肃秘藏"等，契斋藏徐三庚所治贺瑗鉴藏印也多见于贺氏所藏存世古籍图书钤印中。此外，契斋藏徐三庚刻"贺氏汝定珍藏"朱文寿山石印（图18-5）、"昇运／绍农"白朱文青田石两面印（图18-6），则是分别为贺瑗胞弟贺汝定、贺昇运（号绍农）所治，皆有边款。由此可知，徐三庚为善化贺氏兄弟三人所治印章大致都作于同治五年（1866年）至同治七年（1868年）前后，正是贺瑗任慈溪县令期间，此时徐三庚正好也在宁波一带活动。这些印章为研究徐三庚篆刻艺术、文人交游之历史乃至贺氏藏图书印鉴等都提供了重要的实物资料。

黄士陵是晚清开宗立派、影响深远的篆刻艺术大师，契斋藏牧甫印两方。黄士陵（1849~1908年），字牧甫，一作穆甫，号倦叟、黟山人，安徽黟县人。篆刻初学吴熙载，后取法汉印，参以商周铜器文字，运刀挺拔，于皖浙两派外另辟蹊径，自成一家，人称"黟山派"或曰"岭南派"，于岭南地区篆刻影响尤为深远。署款以北魏书体，爽朗豪放，首创以单刀冲刀刻魏体书之法。著有《黄牧甫印存》《双清阁铁书经眼录》《从翠堂藏印》等。契斋藏黄士陵"华父/蒋迺勋"朱白文青田石对章（图19-1），据边款铭文："华翁私用，穆甫时同庽穗垣""壬午十月牧父作"，可知这是光绪八年（1882年）旅居广州时为友人蒋乃勋（字华父）所治。又契斋藏黄士陵"介盦"朱文寿山石印章（图19-2），其楷书边款为"士陵蒙为介盦翰林，己亥二月"。略查考可知，此印刻于光绪二十五年（1899年），"介盦"即欧家廉，字介持，号介盦，

广东顺德人，清光绪二十年（1894年）进士，历官翰林院编修、湖南道监察御史，1922年任续修《顺德县志》总纂，工书法。黄士陵曾居岭南十五年之久，交往岭南文人学者、书画篆刻家甚多，为岭南文士刻印尤多，也促成了其印风的转变，"华父/蒋迺勋""介盦"印皆是旅居广州时所治，也是其印风转变时期的代表作之一。契斋也收藏了多幅黄士陵篆刻书法及颖拓钟鼎图，如绘师西敦全器图、绘齐候中全器图等，其家属也于1994年捐赠深圳博物馆收藏。

苏展骥"樵野/张荫桓印"朱白文寿山石对章（图20），此印是为晚清维新变法核心人物张荫桓印所治。苏展骥（？~1899），字梓敬，号笔虎、不俯翁。斋号文印楼，工楷书与八分，尤擅篆刻，活动于光绪年间，辑《秦汉印汇》。其中"樵野"朱文，小篆汉印结合风韵，刻行楷边款："光绪甲午瑞阳夜，窗灯始华，井天如墨，霖雨乍倾，茶烟甫歇，刻罢善刀，漏四下矣，不俯刻并记。"另一方"张荫桓印"也是汉印风格，圆润秀美，行楷边款"汉印浑厚和平，神闲体雅，殊难规仿。端阳对雨拟此，恐三年优孟末肖叔敖耳。顺德苏展骥

图19-1
黄士陵"华父/蒋迺勋"朱白文
青田石对章

图19-2
黄士陵"介盦"朱文
寿山石印章

图20
苏展骥"樵野/张荫桓印"朱白文
寿山石对章

并志"，由此可见其中规摹汉印浑厚和平与神闲体雅的风格。张荫桓（1837~1900年），字皓峦，字樵野，广东南海人。官至户部侍郎。喜收藏，所藏王翚画尤富，因以白石名斋。著有《铁画楼诗钞》《三洲日记》。契斋藏此对章是晚清广东重要历史人物张荫桓自用章，实属难得。

（四）佚名刻清代名人印章

契斋藏印中还有些未署款的重要人物自用鉴藏印章，包括清代王原祁、姚元之、祁寯藻、潘仕成、李鸿章、蒲华等著名人物所用姓名或斋号印，虽然多数未署刻款，但从印艺上看仍是大家之作，具有重要的书画与篆刻艺术研究价值，兹选介如下。

清初佚名"麓台"朱文青田石印章（图21）。青田石质为文人常用，印面阳纹汉隶篆书，刀法老练，略查考可知，此方印章或为清初正统山水画大师王原祁所用，当是大家所治。王原祁（1642~1715年），字茂京，号麓台、石师道人，江苏太仓人，山水画与王时敏、王鉴、王翚并称"四王"，影响清三百年文人山水画。

清佚名"古舒姚伯昂号荐青嘉庆乙丑翰林乾隆丙申年生"朱文寿山石狮钮印章（图22），此为嘉道年间著名学者、书画家姚元之用印。姚元之（1773~1852年），字伯昂，又号竹叶亭生，晚号五不翁，安徽桐城人。嘉庆十年（1805年）进士，官左都御史，累迁左都御史、内阁学士，清嘉庆十六画人之一，尤擅隶书，行草亦极精妙。这方印章也常见于姚元之的书画作品中，因此具有重要的艺术研究价值。

清佚名"祁寯藻"白文象牙印章（图23），此为清道咸年间名臣、书法家、学者诗人祁寯藻自用印鉴。祁寯藻（1793~1866年），字颖叔、淳浦，号春圃、观斋，山西寿阳人。嘉庆十九年（1814年）进士，官至体仁阁大学士，世称"三代帝师（道光、咸丰、同治）"，清代中晚期著名"宋诗派"诗人与帖学书法家，著有《馤龂亭集》。此方印章方形，布局疏密有致，汉篆风格，刀法方正雄浑，古拙而苍劲。

清代佚名"海山仙馆秘籍图书"（图24-1）

图21　佚名"麓台"朱文青田石印章

图22　佚名"古舒姚伯昂号荐青嘉庆乙丑翰林乾隆丙申年生"朱文寿山石狮钮印章

图23　佚名"祁寯藻印"白文象牙印章

图24-1　佚名"海山仙馆秘笈图书"象牙印章

图24-2　佚名"海山仙馆上上品"象牙印章

图 25 佚名 "李鸿章"
朱文寿山石印章

图 26 佚名 "剑胆琴心
室" 朱文寿山石印章

图 27 佚名 "颂阁隶古"
朱文象牙印章

与 "海山仙馆上上品" （图 24-2）两方朱文象牙印章。此印为广州道咸年间富商潘仕成著名的 "海山仙馆" 藏书印。潘仕成 (1804~1873 年)，字德畬、德舆，广东广州人，经营盐业与洋务，是晚清享誉朝野的广州十三行官商巨富。潘仕成凭借雄厚的财富实力成为博古通今的古玩书画收藏家，所藏金石、碑帖、古籍、书画号称 "粤东第一"。 "海山仙馆" 即道光年间潘仕成斥巨资于广州荔湾兴建的园林别墅，号称岭南第一名园。两方 "海山仙馆" 藏书印质地细腻，色泽纯净，纹理清楚，小篆魏碑风韵，虽佚名所治，但布章极讲究，疏密有致，刀法遒劲，率意秀丽，具有重要的历史、艺术与研究价值。

又佚名 "李鸿章" 朱文寿山石印章（图 25），此是晚清重臣李鸿章自用印。寿山石质地，回首卧马钮，篆刻刀法老练。李鸿章 （1823~1901 年），字渐甫，号少荃，安徽省合肥人。道光二十七年（1847 年）中进士，湘军领袖曾国藩门下幕僚、晚清军政重臣、洋务运动的主要领导人之一，北洋通商大臣、直隶总督，与曾国藩、张之洞、左宗棠并称为 "中兴四大名臣"，著有《李文忠公全集》。契斋所藏 "李鸿章" 篆刻应是其私用重要印章，

法度端庄，浑厚古朴。

佚名 "剑胆琴心室" 朱文寿山石印章（图 26）， "剑胆琴心室" 为晚清海上画派著名代表人物蒲华所用斋号，故此印很可能即蒲华所用。蒲华（1832~1911 年），字作英，浙江嘉兴人，号胥山野史，斋名九琴十砚斋、剑胆琴心室等，善花卉、山水，尤擅画竹，有 "蒲竹" 之誉，与虚谷、吴昌硕、任伯年合称 "海派四杰"。此方印章顶部作醉芙蓉造型，篆字章法规整，刀法劲健有力。

佚名 "颂阁隶古" 朱文象牙印章（图 27），此印为晚清重臣徐郙自用章之一。徐郙（1836~1907 年），字寿蘅，号颂阁，江苏嘉定（今上海嘉定）人。同治元年（1862 年）状元，先后授翰林院修撰、礼部尚书等职，拜协办大学士，世称 "徐相国"。工诗善画，精于书法。此印小篆韵味浓厚，章法规整传统，留白均等对称；刀法和笔道圆润细秀，线条有起伏斑驳的苍劲感。

三、晚清民国印章

清末民初时期是金石书画艺术全面鼎盛并逐步走向现代化的历史时期。篆刻艺术乘此东风破浪前行，名家辈出，鼎力革新，取

图 28 徐世昌"徐大"白文/"毅伯书箧"
朱白文寿山石对章

图 29-1 陈衡恪"张广 图 29-2 陈衡恪"鸾陂草
建印"白文寿山石印章 堂藏书"朱文寿山石印

得了极高的艺术成果。契斋藏印中徐世昌、吴昌硕、陈衡恪与齐白石等都是由晚清进入民国的代表性篆刻艺术,同时也有一批从晚清学术中走出的民国篆刻家。

徐世昌是晚清民国典型的学者型政治家与书画篆刻家。徐世昌(1854~1939 年),字卜五,号菊人,又号涛斋,晚号水竹村人等,浙江鄞县人。清季翰林,官至东三省总督,1918 年曾任北洋政府总统。诗书画印兼工,主编《晚晴簃诗汇》影响深远。徐世昌所治"徐大""毅伯书箧"朱白文寿山石对章(图 28),具有汉印风韵,刀法古朴,近乎微雕的行楷边款分别刻李白《下终南山过斛斯山人宿置酒》与李颀《琴歌》,皆题"甲子年五月上浣徐世昌手作刊",可知是 1924 年 5 月徐世昌亲自篆刻并刻边款。但所刻《琴歌》诗句有舛乱者,此或临刻时奏刀记误。书画篆刻是徐世昌热衷的艺术爱好,1920 年徐世昌任总统期间,曾成立北京艺术篆刻学校(今中央美院前身),由陈衡恪担任校长,足见其对民国印坛之影响。

契斋藏陈衡恪所治几方印章都具有特殊的价值。陈衡恪(1876~1923 年),清末民初

百年来有着深远影响的重要美术家,字师曾,号朽者、朽道人,所居曰"槐堂",江西义宁人。陈衡恪生于官宦书香世家,祖父湖南巡抚陈宝箴,父亲著名诗人陈三立,历史学家陈寅恪为其弟。曾赴日本习博物之学,坚持吸收西方长处以发扬传统书画艺术,是清末民初公推的艺坛领袖人物。梁启超称其为"现代美术界具有艺术天才、高人格、不朽价值的第一人",吴昌硕为《陈师曾先生遗墨集》篆题"朽者不朽",可谓评价至高[7]。契斋藏陈衡恪所治"张广建印"白文寿山石印章(图 29-1),具有汉印遗风,朴茂浑厚,这是 1918 年 8 月为时任北洋政府甘肃都督张广建所治,故称边款中称"为张侯刻"。张广建(1864~1938 年),字勋伯,安徽合肥人,曾是袁世凯心腹大臣,1914 年至 1921 年任甘肃都督,1923 年国民北京政府授予陆军中将军衔。北洋政府军政要员张广建自用印也揭示了陈衡恪往来政要与文人学者间的魅力。另一方"鸾陂草堂藏书"朱文寿山石印(图 29-2)则仿吴熙载篆法,布局疏密有致,刀法圆满,又得汉铜神韵,这是为其四弟陈方恪所治印。陈方恪(1891~1966 年),字彦通,斋号屯云阁、浩

图 29-3 陈衡恪"融天地之
逸人也"白文寿山石印章

图 30 金城"孝威之印／斗杯堂印"
白文青田石对章

翠楼、鸾陂草堂，工诗词，酷似其父陈三立。
再有陈衡恪所治"融天地之逸人也"白文寿
山石印章（图 29-3），边款"南齐张融与王僧
虔书语。瘿公属师曾作，乙卯长夏"，可知
这是 1915 年为晚清民国著名学者罗惇曧所治
印，语出南朝齐张融《与王僧虔书》。罗惇
曧（1872~1942 年），字孝通，以"瘿公"号行，
广东顺德人。晚清民国著名诗人、京剧作家，
与梁鼎芬、曾习经、黄节等并称"粤东四家"，
工书善作联，著有《瘿庵诗集》《梨花记》
等数种。再有"濮一乘"白文寿山石印则是
为民国佛教人士濮一乘所治，其与欧阳渐、
蒯若木、孙毓筠、陈方恪诸公联合办佛教会。
陈衡恪篆刻早年推崇吴昌硕，后追仿汉铜印、
商周鼎彝、砖瓦陶文等古器物，此三方印中
可见金石古刻之影响，深得刚健婀娜之质，
古朴秀逸而自成面貌。

金城"孝威之印／斗杯堂印"白文青田石
对章（图 30）。此是光绪三十三年（1907 年）
七月金城为民国著名陶瓷学者陈浏所治印
章，具有重要的历史、艺术与研究价值。金
城（1878~1926 年），字巩北，一字拱北，又
名绍城，号北楼，浙江吴兴县人，中国近现

代著名画家。金城承家学渊源，古器物字画
收藏甚富，留学英国伦敦铿司大学攻读法律，
又道经美国、法国等考察法制兼及美术。民
国成立后任众议院议员、国务秘书。山水、
花鸟、人物皆能，兼工篆隶镌刻，旁及古文辞。
1918 年与周肇祥、陈师曾等在北京筹建中国
画学研究会。此方印章疏密有致，整体性强。
三面边款内容十分有趣，兹释文如下：

"近人闽县郑孝胥、黄岩王彦威皆知名之士，
能兼之者其我江浦陈君乎！归安金城为孝威作印，
并志数语，以道忻慕。

九秋风露越窑开，夺得千峰翠色来。好向中宵
盛沆瀣，共嵇中散斗遗杯。拱北。

寂叟蓄杯百数十种，有《斗杯堂记》。余更取
陆鲁望句，刻于印侧纪之。丁未七月又八日，灯下。
余已为寂叟仿钝丁法刻此四字，今更规抚㧑叔，
亦尚得其仿佛，归安金城并记。"

由边款题识可知，金城推崇陈浏的博雅嗜
古，更兼有郑孝胥、王彦威之长，因陈浏又
藏古瓷杯百数十种并专研之，故题刻晚唐陆
龟蒙《秘色越器》诗句以为称颂。金城刻"斗
杯堂印"用西泠八家丁敬（号钝丁）切刀法，
而边款则规模赵之谦（㧑叔）用刀，可谓尽得

古趣，渊源有自。此印章主人陈浏（1863~1929年），字湘涛，一字孝威，别署寂园叟、望云轩、唐经室、斗杯堂，江苏丹徒（今镇江）人。寓居北京二十余年，精研瓷学，喜金石书画碑版，尤嗜籀篆印学，藏名家田黄印极精，著有《陶雅》（原名《古瓷汇考》）《寂园说印》《望云轩印集》等，皆收录于宣统二年刊印《寂园丛书》中。苏硕人（名涧宽）为陈浏辑《望云轩印集》作序云："岁戊午，望云轩主人陈湘涛君，出示藏印数百十方，石质之佳，备诸品目，刻手之妙，多系名流。"[8]可见陈浏藏印甚丰且精，此印谱集吴让之、童大年、徐星州、谭师曼、邓石如等篆刻大家所刻印章。吴昌硕、陈衡恪等大家也都曾为陈浏篆刻自用印。综上可知，金城所治陈浏自用印章可谓研究篆刻艺术、文人交往乃至陶瓷收藏的有趣之物，近代印上刻唐人咏陶瓷诗恐仅此一例。

齐白石中国近现代金石写意篆刻的代表人物。齐白石（1864~1957年），名璜，字濒生，号白石、白石山翁等，湖南湘潭人。齐白石以写意花鸟画闻名，诗书印亦有成就，篆刻多任以己意。齐白石将篆刻看得很重，其自评云"诗第一，印第二，字第三，画第四"。

契斋藏齐白石所治"虎翁白笺""谢大近况"白朱文田黄石对章（图31-1）与"佩恒"朱文寿山石印章两方（图31-2），章法上强调疏密结合，惯用单刀切石，率性恣意，呈现与其花鸟画相关联的"写意篆刻"意境，诗书画可谓相得益彰。"佩恒"或是关吉玉（1899~1975年），字佩恒，辽宁辽阳人，早年留学德国柏林大学，国民政府要员，曾任民国政府财政部长兼中央银行总裁。齐白石篆刻取法《天发神谶碑》《三公山碑》，刀法上标新立异，形成了雄伟刚健的风格，此亦可从契斋藏两方齐白石印章中窥见一二。

吴昌硕是近代诗书画印俱精的艺术大师。吴昌硕（1844~1927），字俊卿，号仓石、苦铁、缶道人等多种，浙江安吉人。诗书画印兼擅，书以石鼓文独擅胜场，画则花卉开金石大写意之风，篆刻集浙皖诸家与秦汉之大成，参以石鼓文、秦汉玺印、封泥、汉篆、砖瓦等金石文字，独创"钝刀出锋法"，以高古朴茂之美开晚清印学新风，1913年被推为西泠印社首任社长。契斋所藏吴昌硕"用锡眉寿"朱文寿山石印章（图32），雄浑朴茂，秀雅含蓄，苍拙挺拔的刀法特十分凸显，隶书印文"用锡眉寿"并楷书题识"甲申长夏仿鼎文。

图31-1 齐白石 "虎翁白笺/谢大近况"白朱文田黄石对章

图31-2 齐白石 "佩恒"朱文寿山石印章

图32 吴昌硕"用锡眉寿"朱文寿山石

图 33 王褆"孙壮之印"白文青田石印章

图 34-1 寿玺"海王邨书侩" 白文寿山石印章

图 34-2 寿玺"贺监同乡" 白文寿山石印章

吴俊卿",可知这是吴昌硕光绪十年（1884年）夏以三代彝器金文入印之作。吴昌硕篆刻刀法雄健，流动中见厚朴，秀丽中显苍劲，自云"信刀所至意无必，恢恢游刃殊从容"，又云"既雕且琢，复归于朴"，由此印雄浑质朴风格中亦可见一斑。吴昌硕的篆刻实践与美学思想深刻地影响了现当代篆刻艺术的发展。

王褆是西泠印社的创始人之一。王褆（1879~1960年），字维季，号福庵，别署屈瓠，浙江仁和人。1904年与叶铭、丁仁、吴隐等创设西泠印社。尤擅金文小篆，篆刻融会浙派、皖派之长，上究周、秦、两汉古印，严谨整饬而有苍老浑厚之致，人称其与吴昌硕、赵叔孺鼎足而三。著有《福庵藏印》《麋砚斋印存》等。王褆"孙壮之印"白文青田石印章（图33），其中楷书边款曰"伯恒社长审定，福厂仿汉，时甲子大寒节，客京师之声斋"，可知这是1924年王褆为商务印书馆社长孙壮所治，是其早年篆刻，具有质朴汉风。孙壮（1879~1938年），字伯恒，号雪园，室名读雪斋、抱朴斋等，北京大兴人，近代著名藏书家、书法家与古器物学者。曾

任商务印书馆馆长、河南省博物馆馆长等职，著有《永乐大典考》《抱朴斋经眼录》。此外，契斋藏近代篆刻名家寿玺"海王邨书侩"与"贺监同乡"白文寿山石印章两方亦同为孙壮所治（图34），"贺监"即指唐贺知章，孙壮与之同浙江山阴人，故称"同乡"。寿玺（1885~1950年），一作寿鈢，字石工，嗜金石碑版，精于鉴藏古墨，工篆刻，著有《重玄琐记》。

契斋藏晚清民国学者印中最多的当数岭南著名学者、诗人黄节用印，这些大多是岭南篆刻名家为其篆刻的印章，也有未署款的用印，包括徐新周、邓尔雅、萧退庵、李尹桑等著名篆刻家所治，印人间也多有往来，且多边款题识，对研究黄节印鉴与交往、治印家的篆刻艺术成就都具有重要的价值。黄节（1873~1935年），原名晦闻，字玉昆，后改名节，广东顺德人。黄节是晚清民国时期岭南最著名与最具影响力的诗人，1923年曾任孙中山大元帅府秘书长，后专心治学，曾任北京大学文学院教授、清华大学研究院导师。黄节诗学江西诗派陈后山兼有唐风，人称"唐面宋骨"，与梁鼎芬、罗瘿公、曾习

图 35-1 邓尔雅"后山而后"白文青田石印章

图 36-1 李尹桑"黄节"白文青田石印章

图 35-2 邓尔雅"黄节"白朱文寿山石印章

图 35-3 邓尔雅"江夏"朱文青田石印章

图 36-2 李尹桑"黄节/晦闻"白朱文青田石印对章

经合称岭南近代四家。著有《蒹葭楼集》《魏文帝魏武帝诗注》等多种。

契斋藏邓尔雅"后山而后"白文青田石印章（图 35-1）、"黄节"白朱文寿山石印章（图 35-2）、"江夏"朱文青田石印章（图 35-3），此皆为黄节所治印。邓尔雅（1884~1954 年），字季雨，别名尔雅，号尔疋，别署绿绮台主，斋堂为绿绮园，广东东莞人。攻篆刻、书法和文字训诂，岭南近代重要的书画篆刻家。1912 年与黄节等创办贞社广州分社，此后又同参加南社，两人之间友情甚深。邓尔雅"后山而后"印其边款题刻："晦公酷爱后山诗尤慕后山之为人，因治此印把似。辛亥尔疋"，可知此印作于 1911 年，黄节推崇北宋江西诗派陈后山诗，故有"后山而后"之名，这是黄节十分钟爱的一方闲章。

李尹桑"黄节"白文青田石印章（图 36-1）、"黄节/晦闻"白朱文青田石印对章（图 36-2）。李尹桑（1882~1945 年），字茗柯，号壶父、玺斋、鉩斋等，斋名绿云轩等，广东番禺人。工书法，临摹秦汉诸碑，治印师从黄士陵，与黄宾虹、易大庵、邓尔雅交善。存世有《李玺斋先生印存》《异钩室玺印集存》等多种。尤其所治"黄节/晦闻"对章，楷体边款曰"辛酉新秋，鉩斋刻寄晦闻学长于京师""鉩斋拟古封泥"，可知这是李尹桑拟古封泥之作，用刀犀利，布局谨严，稳重中多变化。

除此之外，萧退庵"晦闻"白文寿山石印章（图 37-1）、"慕奇节伟行非常之功"朱文寿

图37-1 萧退庵"晦闻"
白文寿山石印章

图37-2 萧退庵"慕奇节
伟行非常之功"朱文寿山
石印章

图38 徐新周"蒹葭诗草"
白文寿山石印章

图39 徐粲章"复堪学
神谶碑"白文寿山石印章

山石印章（图37-2），此二方印亦是为黄节所治。特别是"慕奇节伟行非常之功"印章，边款中既有萧退庵题刻"篆法远陶二李，刀法近仿二陈，未知仿佛否耳？晦闻先生正之。甲辰五月退厂"，也有黄节亲自题刻"取柳柳州语，倩退厂刻。晦闻记于黄斋"，可知这是黄节以柳宗元语请萧退庵所治，尤为难得。另尚有吴昌硕弟子徐新周"蒹葭诗草"白文寿山石印章（图38）与多方未署款的"黄节"印章。此批黄节斋中所用印章，既体现了相关篆刻家的艺术成就，也体现了与黄节之间的友朋往来，黄节之诗文雅好志趣亦可从中略窥管豹。

晚清民国女性书画篆刻是颇为引人注目的艺术现象，也是近代女性思想觉醒与解放的社会反映。契斋藏印中便有一方颇为知名的女性篆刻家作品，即徐粲章"复堪学神谶碑"白文寿山石印章（图39）。这是1936年10月徐粲章为近代著名章草艺术家罗惇暧所治印章，其边款题识：

"梅老命仿神谶碑意作印，愧未能得皇氏

万一，仅可以傲钿 阁女子耳。丙子十月十三日，北平寓舍并记，长沙女子徐粲章。"

徐粲章（生卒年不详）是清末民初著名女性篆刻家，印人杨昭俊之妻，精鉴别，富收藏，能诗文，善篆刻，师法汉人，秀逸工稳，1934年辑自刻印成《散朗轩印存》。近代女性善工治印者尚有况蕙风之女况月瑛、黄高年妻李善芬、寿石工之妻宋君方、"铁笔女士"杨雪明等。罗惇暧（1873~1954年），字照崖，号复堪，别署凤岭诗人，室名唐牒楼，广东顺德人，早年与堂兄罗惇曧同为康有为万木草堂弟子。工书擅画，山水花卉秀逸脱俗，著有《三山移诗存》《书法论略》等。新中国成立后任北京大学文学院教授、中央文史馆馆员，被誉为近代章草第一人。民国袁大头银元"壹圆"二字即出其手。徐粲章、罗复堪皆与陈衡恪往来友善。民国京城书法中，罗复堪与邵章、张伯英、宝熙并称"旧京四大书家"。

限于篇幅，尚有诸多重要印章未及探析，如何墨为晚清民国一代通儒姚华所治"芒父下令"朱文青田石印章，方介堪为晚清民国藏书家、版本目录学家邵章所治"伯絅别号倬盦 / 同治壬申邵章"朱白文青田石对章，李尹桑为岭南诗人梁鼎芬所治"葵霜阁"朱文收拾石印章，易大庵为民国年间收藏家陶昌善所治"鸳鸯湖畔人家"白文寿山石印章等，另有诸多如"白马翩翩春草绿""冰雪为心"未署款的诗词风雅之印。

结语

商承祚先生凭借其深厚的金石学养与文人学者间的交往，搜集了一批重要的明清文人篆刻，这些篆刻与其明清书画收藏也相互补充印证。从上文的探讨中便可窥见契斋藏印的一些特色，主要以清中后期至晚清民国的金石考据学影响下的篆刻艺术，涵盖了京城、江浙以及岭南为核心的三大地域和一些核心篆刻家，皖派、浙派与岭南派兼而有之，且晚清民国时期岭南地域名家尤多，尚待更好地整理。虽然契斋所藏明晚期至清初部分名家印章仍值得商榷，但仍不失为一批具有重要价值的篆刻材料，期待今后能有更完善更深入的探讨。

契斋藏明清印章虽然不及专业博物馆藏品的系统和丰富，但仔细观摩可以发现，大多是青史留名的大家治印或是未署款的名家用印，包含文学家、金石学家、鉴藏家、书画篆刻家与政治家等诸多著名人物，而印文与边款中往往也寄托着诸多篆刻家与使用者的人生情怀、士人交游与审美趣味，又能从多方面反映文人篆刻的历史性、艺术性及其文化内涵，细细品

读，便觉方寸之间，趣味无穷，堪称一部微缩的明清至民国时期篆刻艺术史。

文后记：中国传统篆刻艺术博大精深，尤其自清代金石学兴起以来，文人学者治印与著述丰富。笔者多年来整理商承祚先生契斋藏明清文人印章，本文算是对此批印章的基本面貌及其价值的初步梳理，大多印章都是首次发表。限于本人学识，拙见、漏误难免，有待今后继续深入研究。谨以是文恳请海内方家赐教。

注释：

[1] 王贵忱：《吕留良的一方名章》，《广东艺术》2001 年第 2 期，第 46 页。

[2] 赵之谦：《苦兼室论印》，黄惇编著《中国印论类编》，荣宝斋出版社，2010 年，第 1032 页。

[3]《清宁——金石篆刻艺术（中国嘉德 2019 年春季拍卖会）》，编号 4248、4249。

[4] 罗福颐：《古玺印概论》，文物出版社，1981 年，第 96~97 页。

[5] 陈介祺著、陈继揆整理：《秦前文字之语》，齐鲁出版社，1991 年，第 219 页。

[6] 乔文杰：《深圳博物馆藏徐三庚篆刻精品赏析》，《文物天地》2018 年 12 期，第 26~29 页。

[7] 胡健著：《朽者不朽——论陈师曾与清末民初画坛的文化保守主义》，北京大学出版社，2012 年。

[8] 苏涧宽：《〈望云轩印集〉序》，载韩天衡编订《历代印学论文选》，西泠印社，1999 年，第 663 页。

按：本文原刊《中华书画家》2020 年第 8 期，此处略有删改。

商承祚印学考述

——以"契斋藏印"、商承祚篆刻和日记手稿为中心

王祥

"契斋藏印"、商承祚篆刻理论手稿和日记手稿等，是研究商承祚印学思想和成就最宝贵、最真实的史料之一。这些一手资料相互映衬和补充，不仅有利于明晰地认识商承祚的古印鉴藏、印学成就和贡献，更有利于后学者的借鉴以及推动当代篆刻艺术的发展。

一、从"契斋藏印"看商承祚的古印鉴藏

清乾嘉以后，金石学研究的深入促使研究者将钟鼎彝器和碑碣刻石之外的玺印、砖瓦、铜镜、钱币等古文字资料纳入金石学的范围，并大量汇集成谱录，使之流传于世。晚清直至近代，金石学研究更是空前繁盛。阮元、吴大澂、罗振玉、王国维等人或以显赫的声望地位，或以精邃的学术水平，或以丰富的金石收藏，在金石研究领域领一时风骚。在古玺印的研究和辑谱上，也取得了丰硕的成果。尤其是被商承祚推崇备至的陈介祺，其所辑《十钟山房印举》，收录逾万枚古玺印，堪称古今之冠。陈介祺将其求古的朴学思想

融入印学研究中，对当时及之后的古印鉴藏和研究起到了积极的作用。

商承祚在文物鉴藏领域的重大成就与他自幼对文物产生的浓厚兴趣息息相关。他似乎天生就与文物有着不解之缘，当其他少年正热衷于追逐玩乐时，他便常常独自在大街上观赏别人住宅墙基阶石所刻的人物、鸟兽和文字，当得知某些是被人遗弃的汉代墓葬物品，他顿时流连忘返。他特别留意带有古文字的器物，某日发现城东门外有大量印有文字的断裂豆柄，便挑选了几十枚，每日悉心揣摩。他还在街头淘得一枚"繇通之印"，后从篆刻老师劳健先生处得知此印曾收录于桂馥《缪篆分韵》中，便整天把印悬于腰间，以示庆幸。由于对古文字器物的喜爱已近痴迷，商承祚的举措常常不同于其他少年，时常被兄长们当作笑料。

师从罗振玉后，商承祚系统地钻研了古文字学知识，同时受到罗师集拓藏印的熏陶，对古印的关注和思考上升到鉴藏、研究的层

天地入胸臆 吁嗟
生风雷（王宠）　　华愁酒债何时了赏　　　山（傅山）　　　　执中（邓石如）
（王宠）

曾向校读（吴熙载）　吕留良印　　用锡眉寿（吴昌硕）　虎翁白牋（齐白石）　华父（黄士陵）

图1 商承祚所藏部分名人印章

面。为了收藏喜爱的古印，他常常节衣缩食，不遗余力。在北平任教时，所得薪金除生活费用外，几乎全部送入琉璃厂古玩铺。久而久之，他练成了一双鉴定古印的"火眼金睛"，收藏也有了丰富的积累，至抗战前，所搜古印达三千余方。抗战期间，商承祚颠沛流离，古印随之散失殆尽。新中国成立后，他游步各地，见佳印者，积习不忘，时或购存，收集印钮亦达四百余方。

今深圳博物馆所藏"契斋藏印"，即为商承祚积一生之力鉴藏。这173方名人印章（图1）[1]，不仅为象牙、田黄石、寿山石等上乘质地，制作精良，形制别雅。而且大多出自明清大家之手，如王宠、傅山、邓石如、吴大澂、吴昌硕、王提、齐白石等，以及明清篆刻几大流派的代表人物，因而这批名人印章具有极高的历史、艺术价值，也体现了商承祚的

鉴定水准和收藏意义。

鉴定古印之真伪，首先要求鉴定者具有精深的古文字学；其次，须擅长篆刻以及紧密相连的书法，否则无异于隔靴搔痒；再次，对于篆刻作品的形式语言必须非常敏感，对于历代古印、各家流派的技法特征、作品风格、地域特色以及质量优劣，都要有深刻的把握与准确的判断；此外，鉴定者丰富的人生阅历也必不可少，因对于篆刻艺术品的理解，不能孤立从事，要将之置诸具体的历史场景中加以解释和定位。商承祚无疑都具备了这些重要品质，其精于鉴藏被学界一致赞誉为"商氏三绝"之一，这是当今大多数鉴藏家所难以企及的。

（图版001、002）[2]为明代中叶著名书法家王宠镌制的两枚印章。王宠的诗文、书画、篆刻在当时都享有极高声誉，其印章原作存世

极少。这两枚印章都是青田石质，以安逸典雅、沉静清丽为基调，白文刻意追溯汉法，朱文则取宋元遗风而自出新意。以青田石治印据传为文彭所创，其一改两千年来的铜印时代，在当时尚属开风气先。但王宠较文彭年长四岁，其声名也远大于文彭，与文徵明（文彭之父）、祝允明并称。因此，王宠以著名书法家的身份对篆刻的参与，也开倡了明清篆刻的风气，直接或间接地影响了之后篆刻流派的形成和发展，进入了以文士为主体、个性为特征的石章时代。这对于初创阶段的篆刻艺术，其影响和意义都不亚于明清流派篆刻的开山祖师文彭。

"山"（图版006）是傅山的一枚圆朱文常用印。印文就圆形印材而制，虽然是一个单字，但整个印面布局紧密，笔画弯曲盘旋，自然灵动。刀法老练，笔墨浑融，别有意趣。傅山是清初书坛的代表人物，在经学、诗文、医学、书法和绘画等方面有很大成就，但篆刻也非常突出。清代文献中对傅山篆刻早有记载，李果在傅山《霜红龛集》序中说他"篆刻金石义字皆能之"；秦祖永《桐阴论画》称他"工诗文，兼长分隶书，尤精篆刻，收藏金石最富，辨别真赝百不失一，称当代巨眼"。但由于他在其他领域名气太大，他的篆刻就容易被研究者忽视。傅山没有专门印谱，在他人所集印集中，也难以查阅到他的印作。他的书画常用印有"傅山之印""傅山印""青主"及"观化翁"等，从这几枚印中，可以发现傅山于篆刻亦如其书法，继承传统，突破前

人藩篱，又不染时习，创造出自己独特的风格。即使把傅山的印作与其他清代篆刻大家作品放到一起，亦毫不逊色。但除了这枚"山"外，傅山的其他印作都不知去向，那么这枚印章就显得尤为珍贵了。此外，傅山身为明末遗民，其淡泊名利、忠君爱国、不屈不挠的高风亮节，熔铸于他的印作之中。因此，商承祚收藏这枚印章更彰显出高迈的历史人文价值。

这批印章包含皖、浙、粤三派以及吴昌硕、齐白石等大师级作品，几乎涵盖了明清篆刻的各类风格，足以串联成一部灿烂的明清篆刻史。由于明清时代篆刻家审美追求、书法修养、刀法技巧各异，遂形成了风格不同的印学流派。如皖派何震、程邃、邓石如、吴熙载、徐三庚，篆刻风格既有苍古朴茂，也有柔美流畅；浙派陈豫钟、陈鸿寿、赵之琛、钱松崇尚秦玺汉印，刀法上以艰涩直挺的切刀，来表现古朴雄健的秦汉风貌；粤派（黟山派）黄士陵、邓尔雅，运刀爽利，以薄刃冲刀体现方劲挺拔和光洁妍美，章法在貌似无意中包含着无尽的变化。邓石如早年研究秦汉金石碑刻，把深厚的篆书功力用之于篆刻，突破了以秦汉玺印为唯一的取法对象，扩大了篆刻的表现范围。其篆刻苍劲庄严、流利清新，开创一代印坛新风。邓石如虽然也名列"皖派"，但由于影响深远，故专称为"邓派"。吴熙载篆刻师法邓石如，并把"邓派"艺术推向了高峰。吴昌硕是西泠印社首任社长，其篆刻突出陈规，使用钝刀切石刻法，形成老辣挺劲，雄浑苍古的独特面目，堪为

近代最有影响的篆刻大师。齐白石诗、书、画、印无不卓绝，他自认为篆刻第一，刻印常以单刀切入、大刀阔斧，酣畅淋漓，形成纵横平直，不加修饰的印风。

这批印章边款也是各具特色。邓石如隶书边款清新流畅；吴昌硕的隶楷边款古朴苍劲；黄士陵的楷书边款朴茂沉雄。刀法也是精彩纷呈，王宠之双刀、徐三庚单双刀合用、吴昌硕钝刀和黄士陵推刀，都独具匠心。商承祚为部分印章边款加注补充，其单刀楷法边款，皆用刃锋直切石面，落刀处较钝，收刃处较锐，错落欹斜，得自然之致。其边款字数无论多少，都与款面相配合。如与印石薄意融为一体，没有丝毫突兀孤立的感觉。在继承明清各家的基础上，又有所发展和补充，形成了自己的独特面貌。

商承祚捐献的这批印章，一方面展示了他收藏印章的丰富程度和艺术标准，另一方面也反映了他对收藏、研究古印的思想理念。早在1925年，商承祚就与罗氏三兄弟（罗福成、罗福葆、罗福颐）将各自所集古印集录编纂为《古陶轩秦汉印存》二册，其中古玺三十八方，秦印十六方，汉官印十方，私印三十六方。后来又集《上虞罗氏所藏秦汉魏晋官印》钤印本。1932年，商承祚与黄宾虹合编一辑《金石书画丛刊》。同年，商承祚辑所藏古玺印成《契斋古印存》十册，收集古印961方。1934年精选为八册本，共收古玺138方，秦汉印128方，官印47方，私印560方。谱中之原印，现大多藏于上海博物馆。

《契斋古印存》卷首有柯昌泗序及自序。商承祚自序谓此前曾收藏古印近千钮，"钤装二十部，分贻同好，藉共赏析"。此印存所录"官印除簠斋旧藏数印、私印除稽庵旧藏二百余钮外，皆未见著录者"。柯昌泗序于此作了高度评价：

同门番禺商君锡永以金石学驰名中外，近集古印千钮，制谱以传。君审定古印，浏览谱录，凡陕西山东塞上及直省所出，靡不赅洽，博识前人之所已见者，而精选前人之所未见者，盖诸地之菁英，皆采获于所藏，准以古今藏印之条流区画，可谓得其时地矣。

是时，古玩藏家热衷古印，研究大家也屡制印谱，风行一时。商承祚搜集印章非比攀富瞻，亦非雅志趣然，而是余力集古，志在学术研究："一者以文字新异者录入，俾研究古文字发展规律；一者以官印、私印可征时代地名、官名之变迁者见存，以考证史书，参稽历史"[3]。

这批印章是如何辗转至商承祚之手？翻检商承祚的各种著述，均没有相关记录，其中细节便不得而知。即便王禔、方介堪、方去疾等现代名家与商承祚有过交往，但从印章的边款内容来看，并非为作者本人所赠。但这并不影响商承祚收藏这批印章的历史意义，部分印章的收藏缘由更从侧面体现了商承祚的人格风范。

这批印章有一枚为明末清初著名的学者吕留良之象牙印（图版011）。吕留良主张反清复明，因其著作多有排"夷"言论，为清廷所不容，尽在禁毁书之列，其本人亦遭文字狱迫害达四十年之久。这是吕留良所存留下来的唯一一枚印章，弥足珍贵。但商承祚更敬重他浓厚的民族思想意识，"不仅重其物，更重其人也"。1962年，商承祚作印章拓片题识，并投寄给正搜罗禁书资料的友人王贵忱。题识笔致自然随意，其所表现的，不是商承祚的笔力和气魄，而是其学养和性情。在很大程度上，也表现了他的品格和当时的心绪。

"契斋藏名人印章"最终深刻体现了商承祚及其后人的伟大义举和高尚品质。1996年7月，商承祚哲嗣商志醰教授继承其父"藏宝于国，施惠于民"之遗志，将这批印章捐赠给深圳博物馆，不仅充实和提升了深圳博物馆文物藏品的数量和档次，从而也得以让更多的学者研究、民众观赏。这批印章是商家捐献给深博文物中的一小部分，在其全部捐赠给国家的文物中也仅是冰山一角，商家因此荣膺我国私人向国家捐赠文物之冠的称号[4]。商承祚及其后人的伟人义举及高尚品质，必将举世瞩目，流芳百世。

二、篆刻创作

商承祚亲手镌制并留下来的篆刻作品并不多，虽是一鳞半爪，但"舞幽壑之潜蛟"，已可见端倪，每一件作品都灌注了他的篆刻理念和审美要求。他似乎深受陈介祺的影响，倡导师古的创作理念，主张模拟古玺印，以商周青铜器铭文摹写入印。文字必须合乎吉金法度，杜绝大小篆拼合杂糅。古朴淳厚，不激不厉，洋溢着浓厚的学者气息。所有的这些，与他作为金石学家严谨的治学思想有关，亦可见商承祚对印学的研究脉络与清代传统金石学间的紧密联系。

商承祚幼时于篆刻用功至勤，遍临古玺，其《长沙古物闻见记》自叙云："从劳笃文（健）治印，日尽十余石"，于印学打下坚实根基。成年以后，他不满足掌握篆刻艺术的一般规律，终感未成自家面貌。总结经验教训，深感为传统所束缚。如何继承传统又博采众长呢？"学古人要取其长弃其短"，只有冲出樊篱，才能探索出自己独特的风格来，于是，他直接从所见所藏之金石文字中吸取更多的营养，周秦以来的金石碑版、明清以来的名家印章都是他创作的源泉。他始终保持着清醒的头脑，食古而化，遗貌取神。他一生所追求的是在印作中再现秦汉玺印的辉煌，继而融汇成自家面貌。

商承祚的前半生生活在一个社会大变革的时期，社会动荡磨砺出他坚韧不拔和契而不舍的品质。他曾治印"历劫不磨"，表明自己在任何艰难情况下，都不放弃学术和艺术追求。受聘各高校后，教书育人之余，他对篆刻仍然是"契而不舍"，其室名"契斋"即是此意。他又说"学不进而刻印则工"，立志学术与治印齐头并进。总之，在他的心目中，篆刻艺术与他终生从事的学术研究一样，也是相当重要的。

锡永之玺　　　　历劫不磨　　　　曾在契斋许　　　　承祚信印　　　　锡永

图 2 商承祚自刻用印

商承祚对篆刻的热情与他长期研究古文字密切相关。他在古文字学领域的成就无须赘述，21 岁时出版《殷虚文字类编》，得到罗振玉、王国维的高度评价；《十二家吉金图录》是他研究金文的代表作；对战国及秦汉文字的研究如《战国楚竹简汇编》《石刻篆文编》《战国楚帛书述略》等，亦令世人瞩目。此外，他与王贵忱合编的《先秦货币文编》，代表了他在先秦货币文字研究中所取得的成绩。总之，商承祚有关古文字的 15 部研究著作，为他的篆刻创作奠定了坚实的基础，为鉴藏古印建立了丰富的积累。

商承祚精于篆刻与他善书篆体也有着深刻的渊源。其弟子、今广东省书协主席张桂光教授对他的篆书进行了概括和评价：

商老习篆取途《峄山》，上溯商周，下及两汉，其作甲骨，超逸秀劲；其作金文，华贵雍容；其作小篆，柔和娴雅，要皆结体精严，行笔干练，体态自然。[5]

商承祚的篆书，可分为甲骨文、大篆（金文）和小篆，尤以小篆中的铁线篆体现他的篆书功底，字大径尺，线条纤细劲健，虽精细至极而运笔的节奏感依然很强。还大胆参以方折劲峭的笔法，使之圆融刚健。商承祚强调以书入印，他尝试把每一种篆体都刻入印中，各有不同的风韵。尤其中晚年以后成熟阶段的作品，更能体现出耐人寻味的意趣。

商承祚的篆书与篆刻，各有独立成就，自成风貌，但二者之间相辅相成。可以说，他篆刻的成就，有基于他深厚的篆书功底。其中的线条和结构以及整体章法，还有作品中篆字的正确书写，为了整体章法而进行的笔画增减，都需要高超的篆书书写技能。同时，他的篆刻又丰富了他篆书的金石味，促进形成古朴苍劲的独特风格。

商承祚的篆刻风格主要以古玺样式见长（图2）。其作品将彝铭与陶玺融会贯通，气格淳古，意味隽永。其于浑厚处下功夫，不求斑驳，而取光洁，突出个性。在文字的取材上，无论是白文印或朱文印，大胆吸取秦玺、钱币、权、诏、汉镜、汉器铭文等文字入印。章法方面，笔画多的往往笔势开张，作并笔处理，笔画少的任其留出块块红色，强化虚实对比。这些红块无论从大小、位置来看，都恰到好处。它们极富变化地点缀在方形的空间里，使其印章增强了结构的变化和美感。可以说，商承祚把古玺印提高到了一个更高的境界。

"锡永之玺"源出古玺印又融合了自己的新意。"锡""之"字疏朗，"永""玺"字较茂密，但重心上移，安排有致，毫不零乱。密处尽量集中而不杂乱，疏处则留出空白而不松散，给人以充分的想象空间。大胆的虚实对比，令人印象深刻。此印线条亦不呆板，而是充满无穷韵味。厚重凝练的刀法，表现出玺印古朴的气息。商承祚曾说："古玺印妙处，不在斑驳，而在浑厚"。但不少人学玺印，仅学敲边、凿文，以为印边破碎、文字斑驳就是古意，实不足取。

商承祚强调"疏可走马，密不透风"的章法，在"历劫不磨"一印中得到很好地体现。四字之排列并不均等，却又十分严密，对角虚实呼应，体现了他那富有装饰性的篆书之美。全印虚实相生，气息畅通。每根线条的头、尾、转折处，有方有圆，有尖有钝，少数笔致犀利异常，体现出刀法的生辣遒劲。有一些笔画交接处，似乎还融合着墨汁。其中的斜线条似乎得之于战国泉布中的文字，处理不当则会有凌乱不堪之感。但他以深厚的功力和创造力，竟和谐地统一在一起了。

对于汉印以及明清以来的篆刻流派，商承祚也曾深入研摹，他曾一度兼学邓石如、吴熙载、赵之琛、黄士陵各家，以后便步入演变递进的新阶段。他最终没有为流派所限，印外求印。除取法秦汉玺印之外，又取之于钟鼎泉布、秦权汉瓦、镜铭碑碣，并追求重现铜印光洁妍美的本来面目。他的印作不主张击边残破，而是用薄刃冲刀来重现玺印的本来面目，如"曾在契斋许"。他说篆刻有三忌：结构不协调，故作高古，偏旁突出。因此，他在处理章法时，往往匠心独运，顺理成章。

"承祚信印"是一方缪篆白文。王家葵《近代印坛点将录》"商承祚条"云此印是模拟翁大年所刻"何绍基印"改造而成，信然。此印将篆书线条的圆匀婉转演变为屈曲缠绕，虽然缠绕交错，但是流畅自如。用刀方圆，圆中有方。全印密度较高，但留出部分红地，因而密而不闷。他在用刀刻制时，时刻注意表达"使刀如笔"的韵味。而这类满白文印章习惯逼边，使得边框与密集的印文朱白相映，以增加章法上的虚实对比。此印曾作为商承祚的代表作收入徐谷甫编纂的《鸟虫篆大鉴》中，正文将之称为"近代缪篆楷则之作"。

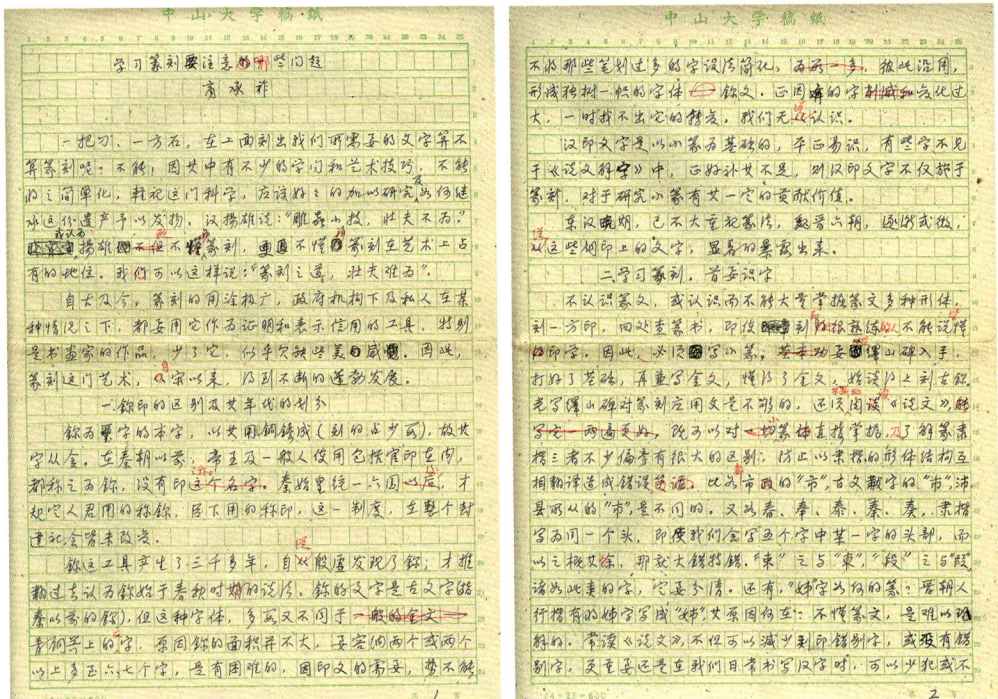

图 3　商承祚《学习篆刻要注意哪些问题》手稿

其另一枚鸟虫篆作品朱文"锡永"模拟战国青铜器上鸟虫书的铭文，将"锡永"二字分别嵌入鸟形图案中，字体绸缪屈曲，笔画饱满，并对线条的增减、挪移、穿插、方圆、欹正等方面都施以了不同的变化，为当代鸟虫篆印章开辟了新格局。

商承祚对于印章边款的刻法也自成面目。他的单刀楷法边款之精彩自不待言，还直接以篆书边款，更使作品有了丰富的金石内涵。这当与他精研古文字有关，也足见他是一位个性极强的艺术家。尽管如此，正文与边款也达成了完美的统一。边款浓厚的书法意味在每根线条的起收处都生动地表现出来，方圆兼使，转折自然。如其书法，不作划一的粗细平直的处理，体现了作者追求有刀有石之外，还有笔墨的艺术境界。总之，

他的篆刻边款是印面构成的有机体，是对印面内容的深化和拓展，两者交相辉映，相得益彰。

综而观之，商承祚的篆刻艺术具有强烈的艺术魅力，令人叹为观止。其原因首先在于他有深厚的传统文化底蕴（包括文字学），扎根既深，花叶必茂，艺术造诣自然不同凡响。其次，他善于继承传统，博采众长而自成风貌。再次，他成功地将刀笔合一，以刀代笔，每方印章都是一幅缩小的书法。最后，他的创作心境恬淡平和，"书为心画"，印亦为心声。四者合而为一，故能达到炉火纯青的境界。

王家葵《近代印坛点将录》曾赋诗赞商承祚篆刻曰："古文奇字罗胸中，兴会操觚亦见功。书溯嬴秦徒隶法，印师拙厚汉家风。"[6] 所言至为精当。

三、篆刻理论

在篆刻创作道路上取得突出成就的商承祚，对于篆刻理论也颇有研究。他曾写了《学习篆刻要注意哪些问题》（图3）[7] 等文章，为篆刻爱好者提供了诸多可资借鉴的经验。

他首先强调识篆、写篆以及熟读《说文》的重要性，三者之间存在着一定的递进关系。学习篆刻，特别是刻古玺，要先认识篆字。一个人不懂得篆文，或认识而不能大量掌握篆书的多种形体，即使刻印比较熟练，都不能称之为懂得印学。

这是既通俗又深邃的至理名言。表面上看来，刻印与篆书是两回事，但是两者有着密切的内在联系。初学篆刻者，往往只注意在"刻"上下功夫，认为刻得多，就熟能生巧，却不知写好篆书是篆刻的基础和灵魂。不懂得篆书的基本结字与用笔特点和规律，临摹古印时便难以掌握它们的特点；打稿时就无法将各种繁简不同、风格各异的字体统一起来；刻制过程中，更难以体现篆文的笔意和印文的精神，使刀法和笔意得到和谐统一。

要解决这个问题最好的办法是多写小篆，这是商承祚从长期的篆刻实践中总结出的最直接的经验。他认为写小篆最好是从《峄山碑》入手，反复临习，有了一定的篆书基础，再兼写金文。当能熟练书写金文时，才谈得上刻古玺。他同时又补充，光写《峄山碑》对篆刻应用还远远不够，还须熟读《说文》。这样既可以直接掌握小篆的正确写法，又可以了解篆、隶、楷的偏旁区别，防止以隶楷

的形体结构互相翻译造成错误。

商承祚的这番话也有着深刻的道理。篆刻所用文字主要以篆书为主，文字的演变发展，各个时代都有较大变化。如今常用的行、楷体，与当初的篆体外形更是千差万别。若将现行楷书结字返归篆书，以及杜撰篆书中未曾出现的字，大多都要出错。因此，就必须以许慎《说文解字》为中心，旁及历代文字学者的重要著作，从而娴熟地掌握文字变化的基本规律，以假借他字或以其他篆体代替没有的字，运用到篆刻当中去。商承祚曾在《羊城晚报》（1982年8月20日版）刊登题为"治印防止刻错别字"的文章，针对该报5月22日刊登的白文印"认真讨论宪法"误刻成"剖真讨论宪法"，他批评道："即使该印刀法章法皆为上乘，但因这一点之瑕碍及全局。"

刻印以刀代笔，因施用的材料不同，与毛笔能体现多种笔致一样，用刀也会产生各种不同的变化。商承祚将刀与石形象地喻为笔和纸的关系，他认为过分强调运刀法就如同写字过分强调执笔法一样，不足以尽刻印之道。虽然明清印人总结有十余种刀法，但最主要的只有冲刀和切刀两种，其他均为辅助手段而已。刻印中的无论何种刀法，只要能表现出笔力、气势和神韵，就是好刀法。刻印也要讲究笔墨功夫，有笔有墨，才能保持篆书的风度和笔意，方能活而不板，韵而不俗。

如何处理刀法与字法的关系呢？初学刻印者，只求认真仔细，结果是有字无笔，板滞而不生动；有些为求字势，大胆任刀横冲

直撞，虽有字形和刀痕，但是粗糙浅薄，不能表现出字的精神。这就是未能领悟刀与笔之间矛盾而统一的辩证关系。对此，商承祚给出了最直接的解决方法：字法为上，刀法随字的方圆曲折之式而适应。用刀时轻重、缓急相互配合，切不能因刀害字，舍本逐末。

一件印作是否能引人入胜，是否有视觉震撼力，章法占着相当重要的成分。商承祚对印作章法极为重视，每作一印必将反复构思，一旦心有所得，方才起笔动稿，并数易其稿，甚至多达数十次，直至满意为止。他说，体味章法，吸取气韵，也是学习篆刻的一个重要环节。篆刻的章法比刀法稍微复杂，刀法在于熟能生巧，而构思章法不在于镌刻的数量，在于多看古今印谱，悉心揣摩，认真思考。久而久之，在潜移默化中将经典篆刻作品的章法谙熟于心，化为己用。

最后，商承祚提醒初学篆刻者不宜从明清流派入手，而应上溯秦汉，方为正道。对此，他有深刻的体会。他曾深入研摹明清流派，以致为流派所限，一度陷入彷徨。后来，他干脆直接取法秦汉玺印，才确立了自己的面目。明清流派各家早期都在汉印上都下了很大功夫，奠定深厚的印学基础，才自成一家。但他们或多或少都存在习气，初学者分辨不清很容易步入困境。因此，对于初学者来说，要善于吸取流派的成功经验，从他们的源头入手，深刻认识流派之精华与糟粕。只有求其通解，才能深入，从而追寻探索自己创新之路。

商承祚的著作如《福氏所藏甲骨文字》《殷契佚存》《石刻篆文编》以及《中国历代书画篆刻家字号索引》，也为篆刻爱好者提供了重要的参考资料。尤其是《中国历代书画篆刻家字号索引》，收录秦汉至民国的书画篆刻家约一万六千人，分上下两卷。上卷从字号查本名、籍贯、生卒年、技艺擅长、师友渊源或曾任官职，所有古地名均注明现行省、县名。下卷从姓名查字号，下注上卷页码。对于篆刻创作、研究和书画鉴定等，这部书都具有较大作用。

四、印学交游、教育和影响

商承祚在印学上的成就，除了与生平经历、时代影响、自身天赋和勤奋相关外，还与他和师友之间的切磋和相互影响分不开的。他纯粹的印学交游不及书法多，往往是伴随书法活动同时进行。他于1980年加入西泠印社，1983年担任顾问，西泠印社为他的印学交游提供了一个良好的平台。

创建于1904年的西泠印社是海内外研究金石篆刻历史最悠久、成就最高、影响最广的学术团体，它以"保存金石、研究印学"为宗旨，聚集了全国各地甚至海外的书画篆刻名家。1913年，吴昌硕出任首任社长，李叔同、黄宾虹、马一浮、丰子恺、吴湖帆、商承祚等均为西泠印社早期社员。每逢五、十周年庆典时，海内外印学同道汇聚于西泠印社，举行大型纪念活动。商承祚日记（图4）[8]

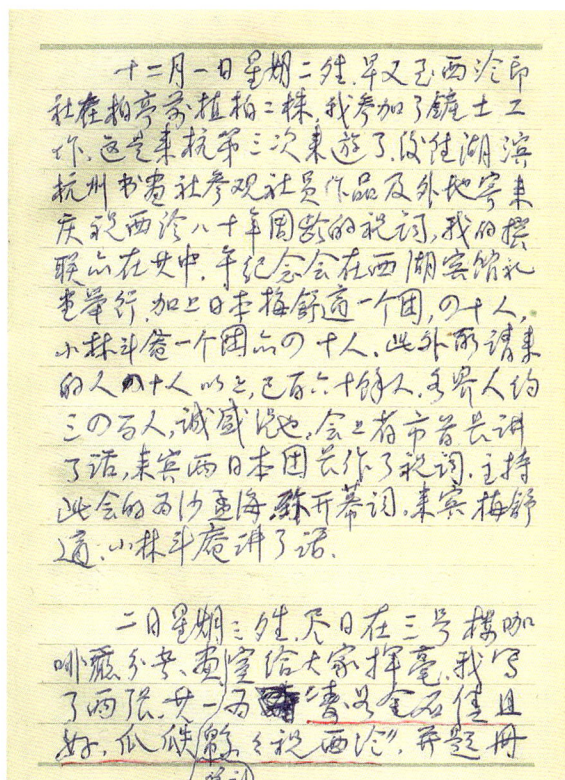

图4 商承祚日记手稿

记载了西泠印社建社80周年大会的盛况：

十二月一日，星期二，晴。早……后往湖滨杭州书画社参观社员作品及外地寄来庆祝西泠八十周龄的祝词，我的撰联亦在其中。午，纪念会在西湖宾馆举行，加上日本梅舒适一个团，四十人，小林斗庵一个团，亦四十人。此外所请来的人八十人以上，只百六十余人，各界人约三四百人，诚盛况也。会上省市首长讲了话，来宾两日本团长作了祝词。主持此会的为沙孟海，致开幕词来宾梅舒适、小林斗庵讲了话。

二日，星期三，晴。尽日在三号楼咖啡厅，分书、画、篆刻室给大家挥毫，我写了两张，其一为"寿如金石佳且好，瓜瓞绵绵祝西泠"，并题册页一开，此次来宾有妻伴夫，子女侍父，其人尚未八十，

如戚叔玉、方去疾等等，各报社记者电台皆住入宾馆，可见此纪念日影响之大。

三日，星期四，阴。尽日学术交流活动，各抒己见，场面异常活跃，梅舒适一行八十人，今日离杭回国。

四日，星期五，阴。早，印社工作报告，社章修改报告，工作计划报告，下午讨论，理事会通过，聘请我为该社顾问，全体摄影。

十一日，星期五，阴。……朱复戡等人乘火车各奔西东，临别时，戏与朱云："下雨天留客，朝阳送嘉宾"，相与一笑，云："后会有期"。

通过商承祚的日记可以解读其部分印学交游情况。1983年，82岁高龄的商承祚参加了西泠印社历史上这场最为壮观的盛会。此次与会社员和来宾近五百之众，其中如戚叔玉、方去疾、朱复戡等社员与他都是旧相识，小林斗庵、梅舒适等国际篆刻书画界知名人士也远涉重洋前来参加。这次大会选举产生了西泠印社第三届理事会，商承祚因德高望重，被聘为顾问。西泠印社通过举办雅集，展览社员作品和藏品，开展鉴赏、研讨等活动方式，给商承祚和这些社员老朋友提供了一个雅集的机会，同时又结识更多的篆刻名家。篆刻家们在此研究印学、商讨社务，还诗词吟咏、笔墨酬唱、赏鉴珍藏，延续了中国传统文人结社的聚会方式。

西泠印人中，王褆、唐醉石、邓散木、罗福颐等都与商承祚有过友善交往，他们大多为商承祚镌制印章，成为记录商承祚印学交游的部分资料。现将各印人为商承祚所治常用印列简表如下[9]：

篆刻者	印文内容、形式	年代
王褆（1878~1960）	朱文"古先斋藏"、朱文"契斋暂保"	1954
唐醉石 (1885~1969)	朱文小玺"契斋"、白文"商承祚印"	1966
邓散木（1898~1963）	朱文"已庼"汉白文"商""古先斋""商承祚印""番禺商氏"	1936
周康元（1891~1961）	"契斋半生精力所聚""契斋""商承祚印"	
方介堪（1901~1987）	朱文玺印"锡永"	1972
李骆公（1917~1992）	白文玺印"承祚之玺"	
康殷 (1926~1999)	白文"商承祚印"	1964
王铤厂	朱文"楚簹居"	1952
容庚（1894~1983）	朱文"商氏吉金"	
冯康侯（1901~1983）	白文玺印"商锡永"、朱文"契斋"	1978、1982
黄文宽 (1910~1989)	汉白文"番禺商氏契斋手拓金石文字记"	1951
谢梅奴（1913~1991）	汉白文"契斋六十岁手摹战国楚竹简"	1962
张祥凝（1921~1958）	汉朱文"承祚印信"	1949
卢炜圻 (1944~2005)	汉白文"商承祚印"	1985

在商承祚所有的师友中，容庚与之过从最密，他们有着长达六十余年的深厚情谊。他们早年同为罗振玉门下，罗氏"殷礼在斯堂"所藏之古器物和拓本，使二人受益匪浅。他们从事古文字学研究，商承祚主要致力于甲骨文，容庚则潜心于金文。除了古文字，他们还常常讨论古物鉴藏，以及切磋书法和篆刻。二人在学艺道路、篆刻思想以及印风上亦颇有相似之处。商承祚少时师从劳健，容庚自幼师从舅父邓尔雅，皆以治印为治文字学、金石学之起点。容庚认为"印宗秦汉"，所论学篆与治印之关系"未有不习篆书，不通《说文》，徒攻乎石而能以篆刻自矜者也"与商承祚的篆刻思想也基本一致。容庚篆刻如仿古玺之类，端工清丽，不作支离破碎，有着浓郁的金石味，亦与商承祚印风契合。二人互谓印学知己，商承祚《我与容希白》云："一九四六年希白到重庆，适我卸盐务职，归自贵阳，复得相见，我谓之曰：'学不进而刻印则工'，以数印示希白，欢聚数日而别"。由此可见他对篆刻的态度以及二人的印学交流。容庚曾为商承祚所刻朱文小印"商氏吉金"，古雅静穆，气息高古。商承祚喜爱不已，多年来一直随身携带。1952年，二人同

在中山大学中文系古文字研究室。1963 年广东省书法篆刻研究会成立，他们同时被推选为副主任委员。二人对于篆刻等方面的交流，愈加密切频繁了。

罗福颐与容庚、商承祚曾同时受教于其父罗振玉先生，亦为商承祚之堂妹夫。在容、商出版了《金文编》《殷墟书契类编》之后，他十八岁时也出版了《古玺汉印文字徵》。1924 年，他与两位兄长以及商承祚合编《古陶轩秦汉印存》二册。罗福颐刻印完全宗法秦汉铸印，成就卓著，曾任西泠印社理事等职。

商承祚与康殷亦师亦友。康殷年轻时就结识容庚、商承祚，并得到他们的启迪和指点。50 年代初，康殷南下广州，先后任广州市文物管理委员会秘书、委员（商承祚先后任委员、副主任）。1956 年二人合著《广州出土古漆器图录》一册。"文革"期间，康殷遭受磨难，商承祚每次出席全国人民代表大会，都抽空到北京康家小聚，共同切磋书印、鉴赏文物。康殷书、画、印俱佳，于玺印研究成就最为突出，曾出版中国第一部古印玺全集—《印典》。1964 年，康殷为商承祚刻白文"商承祚印"[10]。

黄世铭与商承祚交往四十余年，均有嗜古之癖，互为知己。重庆陪都时期，二人常相约赴郊外访古或鉴赏珍玩。商承祚返粤后，两人书信往还不绝。"文革"期间黄世铭受到不公正待遇，商承祚不时给予他热情洋溢的问候和雪中送炭的慷慨，才使他感受到一丝人间温暖。为感激商承祚的知遇之恩，他

满怀激情地为万里之遥的商承祚治印数方，其中刻于 1975 年的多字朱文印"一九七四年秋契斋登长城高峰时年七十二"堪称此时的杰作[11]。

马国权师从容庚、商承祚从事古文字学研究，谙熟于文字学、考古、书论、印论研究，其篆刻喜为古玺及汉印体式。篆刻论著有《近代印人传》《广东印人传》等。曾任中国书协学术委员、西泠印社理事等。1958 年商承祚与马国权的书法作品在日本东京、大阪等城市展出。1983 年，商承祚带领马国权参加了西泠印社第三届理事会，商承祚被聘为顾问，马国权被选为理事。1988 年第四届理事会时，商承祚因年事已高，不再担任顾问，马国权一直担任第四、五、六届理事会理事。

商承祚为广东篆刻艺术的普及和发展做出了重要贡献。1962 年，广东省文史研究馆创办了文史夜学院，设有书法篆刻专业，商承祚常常为书法篆刻班的学生讲课。作为广东省书法篆刻研究会副主任委员，他大力倡导广东书法篆刻活动，掀起了群众性的书法篆刻热潮。20 世纪 80 年代，广东省书协举办了多期学习班，商承祚不顾年迈，亲自辅导讲课，培养了众多的书法篆刻人才。在他和容庚等主持下，多次举办中外书法篆刻交流展和评奖活动，出版专集，成立印社，使广东书法篆刻呈现出一派欣欣向荣的景象。

商承祚还是一位名副其实的篆刻教育家。受他的影响，中山大学中文系不少学生都对书法篆刻产生浓厚兴趣。除马国权外，蔡照

波、倪卓宏等都曾先后进入中山大学，得到了商承祚耐心细致的指导。此外，商承祚还常常参加社会上的篆刻教育和普及活动。广东印人廖蕴玉、周树坚、欧广勇等都曾师从商承祚，受其影响，篆刻均以古玺、汉印为宗，又能自出新意。当今篆刻名家刘一闻和韩天衡也曾得到过商承祚的提携。刘一闻念念不忘商承祚对他的教诲，20世纪70年代初，商承祚还亲自带着他去拜访上海著名书画家唐云先生。1979年，商承祚在看了韩天衡的《篆刻手卷》后，题跋曰："天衡所作朱白相兼，琳琅满目，叹观不已，如非九折臂，曷能臻此？"勉励之辞，溢于言表，充分体现了一位德高望重的老前辈对青年学人的指点和关怀。

商承祚的一生都对古印和篆刻艺术充满热爱之情。他热爱拥有三千年历史的中国印章文化，故能一生都不曾放弃鉴藏和研究；他有着强烈的爱国热情，故能将毕生所藏无私捐献；他关心我国篆刻艺术事业的传承，故能倾心尽力培养年轻一代。他的积累和研究，无不反映他作为一代大家的气度。他至善至诚的人格魅力不仅融入了他的印作中，也成为流传后世的精髓所在。他留给后学者的不仅有启迪智慧的著述和陶冶性情的佳作，还有深刻独特的艺术思想以及催人奋进的艺术精神。

注释：

[1] 印章拓稿由深圳博物馆黄诗金先生提供。

[2] 此编号为深圳博物馆黄诗金编著《契斋藏印》所定。

[3] 林明、谢光辉编：《黄士陵印存·后记》，文物出版社，2010年。

[4] 国家文物局前局长张文彬在2007年2月9日深圳博物馆"商承祚教授捐献文物展"开幕式上说，商承祚和家人捐献给国家的文物，无论在数量上还是质量上，都居全国第一。见《深圳商报》2007年2月10日版。

[5] 张桂光：《广东古文字学者的书法》，《书艺》卷一，岭南美术出版社，1998年。

[6] 王家葵：《近代印坛点将录》，山东画报出版社，2008年，第258页。

[7] 未刊手稿，由商承祚嫡孙商尔从先生提供。

[8] 所引商承祚日记均为未刊手稿，由商承祚嫡孙商尔从先生提供。

[9] 本表主要依据商志醰编《番禺商氏四代诗书画集》第257~263页所制，部分印章刻制年代不详。

[10] 潘恭：《也谈康殷》，《粤海风》，2006年第6期，潘恭《康殷年谱》，合著未印行。

[11] 夏昌谦：《戴着脚镣而舞的勇者——记巴渝乡贤金石书法家黄笑芸》，雅昌艺术网。

图版索引

四八 页
清 铁痴"慎独子"白文寿山石印章

四九 页
清 陈雷"澹如"朱文寿山石印章

六七 页
清 赵之琛"王沈之印"白文昌化鸡血石印章

六八 页
清 佚名"百炼此身成铁汉"白文楚石印章

五〇 页
清 翁大年"鹅首"朱文青田石印章

五一 页
清 翁大年"萦春蚪绾秋蛇"朱文寿山石印章

七〇 页
清 佚名"壬辰状元"朱文等端石四面印章

七二 页
清 佚名"祁寯藻印"白文象牙印章

五二 页
清 翁大年"空斋昼静闻登登"朱文寿山石印章

五三 页
清 陈豫钟"大泉居士"白文寿山石印章

七三 页
清 咸丰四年（1854年）吴容"曾向校读"朱文寿山石印章

七四 页
清 咸丰八年（1858年）钱松"四会严氏根复所藏"朱文寿山石印章

五四 页
清 陈鸿寿"蜗庐旧旁吴宫住、脂粉溪头春水香"白文青田石印章

五六 页
清 陈鸿寿"无乃太简"白文青田石印章

七六 页
清 徐三庚"醉经精舍"朱文寿山石印章

七八 页
清 徐三庚"湘西贺瑗秘笈书画印"朱文寿山石印章

五七 页
清 陈鸿寿"寿宇逢辰"朱文寿山石印章

五八 页
清 佚名"古舒姚伯昂号荐青嘉庆乙丑翰林乾隆丙申年生"朱文寿山石印章

八〇 页
清 同治七年（1868年）徐三庚"贺氏汝定珍藏"朱文寿山石印章

八一 页
清 同治六年（1867年）徐三庚"双桐书屋"白文青田石印章

六〇 页
清 道光十五年（1835年）杨澥"绿天"朱文象牙印章

六二 页
清 道光十六年（1836年）杨澥"研山/海昌朱钰"朱白文寿山石对章

八二 页
清 徐三庚"昇运/绍农"白朱文青田石印两面章

八三 页
清 徐三庚"树君"朱文寿山石印章

六四 页
清 道光二十九年（1849年）赵之琛"玉昆父/刘崐之章"朱白文寿山石对章

六六 页
清 赵之琛"少宰私印"白文昌化石印章

八四 页
清 同治十年（1871年）徐三庚"日濂印信/姚江邵氏"白朱文寿山石印对章

八六 页
清 佚名"寡过未能"朱文青田石印章

一一七 页
清 佚名 "陈编盗窃" 白文寿山石印章

一一八 页
清 佚名 "李氏泽藩延年益寿" 白文寿山石印章

一三四 页
民国四年（1915年）陈衡恪 "融天地之逸人也" 白文寿山石印章

一三五 页
民国 陈衡恪 "濮一乘" 白文寿山石印章

一一九 页
清 佚名 "李鸿章" 朱文寿山石印章

一二〇 页
清 蒲生 "冯昪" 朱文田黄石印章

一三六 页
民国七年（1918年）陈衡恪 "张广建印" 白文寿山石印章

一三七 页
民国 陈衡恪 "弯陂草堂藏书" 朱文寿山石印章

一二一 页
清 光绪十四年（1888年）朱芾 "常熟杨氏同福字思载印" 白文青田石印章

一二二 页
清 光绪三十三年（1907年）金城 "孝威之印 / 斗杯堂印" 白文青田石对章

一三八 页
民国 佚名 "敬懿皇贵妃之宝" 朱文象牙印章

一三九 页
民国 齐白石 "佩恒" 朱文寿山石印章

一二四 页
清 光绪二十九年（1903年）张定 "渐被时人识姓名" 朱文青田石印章

一二五 页
民国十三年（1924年）三多 "眉山后人" 朱文田黄石印章

一四〇 页
民国 齐白石 "虎翁白牋 / 谢大近况" 白朱文田黄石对章

一四二 页
晚清民国 叶铭 "平等龛" 朱文寿山石印章

一二六 页
民国 杨其光 "延年" 朱文红色琥珀印章

一二七 页
民国 徐新周 "蒹葭诗草" 白文寿山石印章

一四三 页
民国二十一年（1932年）叶铭 "缊之" 朱文寿山石印章

一四四 页
民国二十三年（1934年）应均 "游戏人间者" 朱文青田石印章

一二八 页
民国四年（1915年）徐新周 "觉顿一号荷盦" "番禺汤氏" 朱白文寿山石对章

一三〇 页
民国 徐新周 "七十七以后写" 朱文寿山石印章

一四五 页
民国三十五年（1946年）王禔 "勉之曾观" 朱文象牙印章

一四六 页
民国十三年（1924年）王禔 "孙壮之印" 白文青田石印章

一三一 页
民国 佚名 "节斋" 朱文田黄石印章

一三二 页
民国 徐世昌 "徐大 / 毅伯书籍" 朱白文寿山石对章

一四七 页
民国 文叔 "孙伯恒" 白文寿山石印章

一四八 页
民国十四年（1925年）寿玺 "贺监同乡" 白文寿山石印章

一七五 页

民国九年（1920年）徐心周“潘兰泉”朱文寿山石印章

一七六 页

民国二十八年（1939年）方介堪“伯裴别号倬盦/同治壬申邵章”朱白文青田石对章

一七八 页

民国 余鞠庵“六闲居士”朱文青田石印章

一七九 页

民国 佚名“美士”朱文寿山石印章

一八〇 页

民国元年（1912年）贾释“怡萱草堂藏/日东心藏”白朱文青田石对章

一八二 页

民国二十五年（1936年）徐粲章“复堪学神瀸碑”白文寿山石印章

一八三 页

民国 佚名“三復白圭”白文青田石印章

一八四 页

民国 佚名“白马翩翩春草绿”朱文寿山石印章

一八六 页

民国 佚名“小黄花馆”朱文寿山石印章

一八七 页

民国 佚名“冰雪为心”白文田黄石印章

一八八 页

民国 佚名“真乐楼主璋韵合印”朱文田黄石印章

一八八 页

民国 佚名“以意为之”朱文寿山石印章

一八九 页

民国 佚名“心茹校读”白文寿山石印章

一八九 页

民国 佚名“少衡”朱文寿山石印章

一九〇 页

晚清 佚名“居敬”白文寿山石印章

一九〇 页

民国 佚名“禹襄金石”朱文青田石印章

一九一 页

民国 佚名“林昆”白文楚石印章

一九一 页

晚清民国 佚名“林炳章印”白文昌化石印章

一九二 页

民国 佚名“涤烦所有金石”朱文青田石印章

一九三 页

民国 佚名“一琴道人”朱文寿山石印章

一九三 页

民国 佚名“敝帚”白文青田石印章

一九四 页

民国 佚名“拙安宛珍同赏”朱文寿山石印章

一九四 页

民国 昂道人“文采”朱文青田石印章

一九五 页

民国 钱葆昂“六朝如梦鸟空啼”白文青田石印章

一九六 页

1974年 驭臣“家在三山五水间”朱文青田石印章

一九七 页

民国 佚名“拙盦”朱文水晶石印章

一九八 页

1962年 方去疾“盟心金石千秋在”朱文青田石印章

一九九 页

当代 佚名“得一知音良不易”白文寿山石印章

《契斋藏印——商承祚教授捐赠印章集》图录即将付梓，编者感到十分欣慰。本图录是我馆感恩商氏家族捐赠文物的一项重要学术成果。

忆昔十多年前，为争取商承祚教授生前收藏印章及其自用印章的捐赠，经我馆前任馆长杨耀林的安排，原保管部黄诗金同志曾多次到商志䃺教授家中商谈捐赠文物事宜。2006年6月，商志䃺教授慎重考虑后同意将契斋藏明清及近代名家印章部分捐赠我馆。商教授曾解释说："因我们一家三代都在中山大学工作，中大要为先祖父与父亲成立纪念馆，因此需要留下他们自用印章部分捐赠给中山大学。"最终，契斋藏印部分捐赠我馆，而商衍鎏与商承祚两先生自用印章则捐赠中山大学图书馆收藏。

此后，商教授又与故宫博物院原研究员罗随祖一并整理这批印章，并委托中山大学图书馆李锦文负责制作拓片，2012年才最终完成所有印章的编目与拓印工作。根据商志䃺教授捐赠要求，我馆应将这批印章编辑出版，公之于世，以资学界研究之用。商教授特别希望由我馆黄诗金负责编辑出版事宜。为褒扬商氏家族无私奉献的精神，履行承诺，同时推进传统篆刻艺术的研究，我馆请原古代艺术研究部黄诗金负责编撰工作，用规范合理的体例和通俗易懂的文字，编著高质量的学术图录，并由其对契斋藏印进行了专业的文物拍摄。中山大学商尔从先生、中国书画收藏家协会会长崔陟先生、广东省政协王祥先生、中山大学图书馆李锦文先生对本书出版给予了热心帮助和支持。我馆前任领导杨耀林、叶杨、郭学雷积极促成了契斋藏印的顺利捐赠及本书的编辑。在多方共同努力下，《契斋藏印——深圳博物馆藏商承祚捐赠印章集》得以于2020年出版发行。

为进一步加强馆藏文物的研究、展示和宣传，我馆特别策划了"契斋藏印——深圳博物馆藏商承祚捐赠印章展"于 2024 年 5 月 18 日呈现给观众，并重印了本册图录。黄琛馆长对展览及图录重印给予了特别的关心和支持，并为本次重印版撰写了序言。希望通过图录和展览，能够进一步彰显番禺商氏对我馆收藏的重大贡献，倡导社会对博物馆的捐赠；同时也能更好地弘扬中华优秀传统文化，让馆藏文物"活"起来，发挥出更大的价值。

编　者

图书在版编目（CIP）数据

絜斋藏印 : 深圳博物馆藏商承祚捐赠印章集 / 深圳
博物馆编 . -- 北京 : 文物出版社 , 2020.8（2024.11 重印）
　ISBN 978-7-5010-6778-7

　Ⅰ . ①絜… Ⅱ . ①深… Ⅲ . ①古印（考古）－研究－中
国－明清时代 Ⅳ . ① K877.64

　中国版本图书馆 CIP 数据核字 (2020) 第 156415 号

本册图录编辑

编　　著：黄诗金
编　　委：黄阳兴　蔡　明　乔文杰
边款拓片：李锦文

絜斋藏印——深圳博物馆藏商承祚捐赠印章集

深圳市博物馆 编

责任编辑：张小舟
责任印制：张道奇
出版发行：文物出版社
地　　址：北京市东城区东直门内北小街 2 号楼
网　　址：http://www.wenwu.com
邮　　箱：wenwu1957@126.com
经　　销：新华书店
印　　刷：雅昌文化（集团）有限公司
版　　次：2020 年 8 月第 1 版
印　　次：2024 年 11 月第 2 次印刷
开　　本：889mm×1194mm　1/16
印　　张：15.875
书　　号：ISBN 978-7-5010-6778-7
定　　价：380.00 元